특별한 영유아
모노그래프 시리즈 **1**호   Practical Ideas for Addressing
Challenging Behaviors

도전적 행동에 대처하는
실제적 아이디어

Susan Sandall · Michaelene Ostrosky 편저

김진희 · 김호연 공역

학지사

원저 *Young Exceptional Children(YEC) Monograph Series*는
특수아동협회 유아교육분과[The Division for Early Childhood(DEC)
of the Council for Exceptional Children(CEC)]의 출판물 중 하나로서
1999년부터 출간되기 시작하였습니다. 모노그래프란 특정 주제에
관한 상세하고 실증적인 논문들을 모은 것이라고 할 수 있는데,
YEC 모노그래프 시리즈는 장애가 있거나 발달이 지체된 아동, 영재
아동, 발달이 지체될 위험이 있는 아동, 학교생활에 어려움이 예상
되는 아동 등 0~8세 사이의 아동을 대상으로 일하는 교사, 유아교
육(보육) 종사자, 행정가, 치료사, 가족 구성원 등을 위하여 기획되
었습니다. 시리즈 각 호는 조기중재 및 유아특수교육 분야의 중요한
주제를 다루며 실제(practices)에 직접적인 도움이 되는 내용으로
구성되었습니다. 근거 중심(evidence-based)의 연구결과를 전문가
와 가족에게 효과적이고 유용한 전략으로 바꾸어 소개하는 것이 모
노그래프 시리즈의 주요 목표 중 하나라고 할 수 있습니다. 따라서
시리즈에 수록된 글들은 탄탄한 이론 혹은 연구 기반을 갖고 있으
며, 또한 광범위한 독자층을 고려하여 읽기 쉽게 쓰여 있습니다.

YEC 모노그래프 각 시리즈에서 다루는 주제는 도전적 행동에 대처하는 실제적 아이디어(1호), 자연적 환경과 통합(2호), 유아의 발달을 지원하는 교수 전략(3호), 의미 있는 정보를 수집하는 진단평가(4호), 가족 기반의 실제(5호), 학제간의 팀들(6호), 초기 문식성 발달 지원(7호), 사회·정서 발달(8호), 아동 및 가족 성과와 교육과정의 연결(9호), 조기중재의 실제와 성과(10호)입니다.

역자들은 Young Exceptional Children을 '특수유아'가 아닌 '특별한 영유아'라고 번역하였는데, '특수유아'라는 표현이 혹여 유아들을 동질집단화하지 않을까 하는 우려 때문이었습니다. 그래서 서로 다른 발달을 보이는 개별 영유아에게 초점을 맞추는 의미에서 '특별한 영유아'로 번역하였음을 밝힙니다.

특별한 영유아 모노그래프 시리즈의 번역은 여러 사람의 노력과 지원이 없었으면 불가능하였습니다. 번역계획은 2006년 가을 미국 아칸사스(Arkansas) 주 리틀락(Little Rock)에서 열린 DEC 콘퍼런스에서 시작되었습니다. 당시 DEC 다문화 활동위원회(Multicultural Activities Committee)의 위원장으로 활동하고 있던 브래들리 대학교 이화(Hwa Lee) 교수의 적극적인 추천과 지원으로 모노그래프 시리즈를 한국어로 번역 출간하는 것에 대해 DEC 회장단으로부터 매우

4

긍정적인 답변을 들었습니다. 그러나 DEC의 출판물을 외국에서 번역 출판하는 작업이 전무하였던 관계로 실제 계약까지의 진행은 매우 더디게 이루어졌습니다. 하지만 그 시간 동안 포기하지 않게 역자들을 믿어 준 분이 있는데, 그분들께 감사를 드립니다. 특히 계속적으로 관심을 가지고 국내에서 번역 출간이 되도록 적극적인 지원을 아끼지 않은 이화 교수께 감사의 말씀을 드립니다. 그리고 한국에서의 출간을 지지하고 신뢰해 준 DEC 회장단을 비롯한 관계자들에게 감사의 마음을 전합니다. 또한 이 책이 나오도록 애써 주신 학지사의 김진환 사장님과 직원 여러분께 감사를 드리며, 마지막으로 언제나 든든하게 힘이 되어 주는 사랑하는 가족에게 고마움을 전합니다.

2010년
역자 일동

특별한 영유아 모노그래프 시리즈 1호가 드디어 출간되었습니다. 특수아동협회 유아교육분과[The Division for Early Childhood(DEC) of the Council for Exceptional Children(CEC)]는 학회 회원을 포함하여 조기중재/유아특수교육 분야의 전문가, 가족, 친구들에게 새로운 자원을 소개하게 된 것을 기쁘게 생각합니다.

모노그래프 시리즈는 두 가지 목적을 지닙니다. 첫째, 현장의 관심과 요구가 매우 높은 주제에 관한 글들과 자원을 어우르는 것입니다. 둘째, 연구에서 밝혀진 바를 전문가와 가족이 유용하고 효과적으로 사용할 수 있는 전략으로 바꾸어 소개하는 것으로서, 이러한 노력은 학회의 정기 간행물 『특별한 영유아(Young Exceptional Children)』에 이어 계속되는 것입니다.

학회는 학회 제작물이나 출판물을 통해 현장에서의 서비스를 증대시키고자 노력하고 있으며, 이 모노그래프 시리즈는 그러한 노력의 진일보를 나타냅니다. 공식적 설문조사와 비공식적 피드백에 의하면 많은 학회 회원들과 동료들이 자신의 학급, 프로그램, 가정에서 사용할 수 있는 다양한 자료를 원하는 것을 알 수 있습니다. 이 모노그래프 시리즈가 바로 그 원하는 자료가 되기를 바랍니다. 또한 시리즈가 전문가 개발 기능으로 이용되고 수업, 워크숍, 기타 유사 활동의 자원이 되기를 희망합니다.

모노그래프 시리즈를 매년 적어도 한 권씩 출판하고자 합니다. 시리즈는 정기 간행물 『특별한 영유아』와 밀접하게 연결될 것입니다. 시리즈의 주제는 학회 구성원들에 의하여 결정될 것이며, 주제와 관련된 논문이 이전에 『특별한 영유아』에 게재된 경우, 모노그래프에 포함시킬지 여부를 심사할 것입니다. 또한 조기중재/유아특수교육 현장 및 학계에 요청하여 추가적으로 논문을 수집하고, 수집된 논문은 동료심사(peer review) 과정을 거칠 것입니다. 주제에 따라 적절한 경우, 특수아동협회 유아교육분과의 성명서(position paper)와 개념서(concept paper)도 시리즈에 포함될 것입니다. 사례연구나 훈련활동과 같은 다른 형식의 논문도 시리즈에 포함시킬 것을 고려하고 있습니다. 여러분의 아이디어를 언제나 환영하고, 논문 게재신청을 환영하며, 모노그래프 시리즈 1호에 대한 피드백을 기대하는 바입니다.

모노그래프가 결실을 맺게 된 데에는 많은 사람의 도움이 있었기에 가능했습니다. 출판물위원회 소속의 David Sexton, Mary

Louise Hemmeter, Jerry Christensen, Barbara Smith, Linda Frederick에게 감사를 드리며, 다른 위원회 위원들 및 스태프 그리고 『특별한 영유아』 심사위원들에게 감사를 드립니다. 마지막으로 모노그래프 시리즈 1호에 실린 논문의 저자들에게 고마움을 전합니다. 아동과 가족을 위한 여러분의 연구에 진심으로 감사를 드립니다.

공동 편저자: Susan Sandall   Michaelene Ostrosky

(206) 543-4011   (217) 333-0260

ssandall@u.washington.edu   ostrosky@uiuc.edu

서론

도전적 행동에 대처하는 실제적 아이디어

Mary Louise Hemmeter, Ph.D., University of Kentucky

특수아동협회 유아교육분과(Division for Early Childhood[DEC] of the Council for Exceptional Children[CEC])가 모노그래프(단일분야를 주제로 삼는 연구서)를 발간하기로 결정하고 나서 첫 번째 출판물의 주제를 '도전적 행동(challenging behavior)'으로 하는 데 거의 논쟁 없이 의견이 일치되었다. 도전적 행동을 첫 번째 주제로 결정하는 데는 몇 가지 주요한 요인들이 있었다. 부모, 교사, 훈련자, 상담자 혹은 행정가의 역할을 수행하는 데 있어서 아동의 도전적인 행동에 적절하게 개입할 수 있는 실제적인 정보에 대한 욕구가 크다. 통합환경에서 서비스를 받는 장애아동 또는 장애 위험군 아동이 점점 늘어남에 따라 도전적 행동에 대처할 수 있는 실질적인 전략의 필요성이 더욱 강조되고 있다. 통합환경에 있는 교사들 중 아동이 보이는 도전적 행동과 관련하여 훈련을 전혀 받지 않았거나 아주 미미하게 훈련받은 교사들이 많다. 매년 열리는 DEC 학술대회에서도 도전적 행동과 관련된 주제에는 언제나 참석자들로 가

13

득 찼다. 끝으로 도전적 행동이 사회에서 더욱 폭력화된 형태로 나타나기 때문에 도전적 행동에 대해서 매우 어린 시기에 중재할 필요성을 더욱 많이 인식하게 되었다.

DEC에서는 도전적 행동 중재에 관해 공식적인 견해를 발표함으로써 이 문제점을 다루기 시작하였다. 처음에 이 견해를 발표한 것은 행동문제를 지닌 아동이 일반학급에서 분리되는 상황이 점차 늘어남에 따라 이에 대한 대처가 필요했기 때문이었다. 이러한 아동의 증가 추세가 유아기로 내려올 수 있음을 우려하여 DEC는 좀 더 적극적인 자세로 이 문제에 대처하기로 하였다. DEC는 대부분의 도전적 행동, 특히 유아가 보이는 행동은 통합환경에서 분리되지 않고도 충분히 중재가 가능함을 강조하였다. 이 모노그래프에는 DEC의 견해와 이에 관련된 개념서(concept paper)를 담고 있으며, 다음과 같은 세 가지 요점을 언급하고 있다. ① 발달에 적합한 관리 기법을 사용하면 대부분의 도전적 행동은 개선될 수 있다. ② 도전적 행동에 대한 효과적인 예방대책과 중재전략이 많이 있다. ③ 도전적 행동에 대한 중재를 개발하고 실행하는 데는 가족이 중요한 역할을 한다. 이 모노그래프에 실린 논문들은 이 세 가지 핵심 이슈에 초점을 맞추고 있다.

여기에 실린 논문들은 도전적 행동에 대처하는 긍정적 행동 접근(positive behavioral approach), 즉 도전적 행동의 예방에 초점을 맞추는 접근을 이용한다. 이러한 접근은 아동의 행동을 둘러싼 사회적·물리적 환경의 영향을 평가하여 도전적 행동의 기능과 같은 역할을 하는 적절한 행동을 아동에게 가르치는 접근이다. Neilson, Olive, Donovan, McEvoy는 도전적 행동이 갖는 의사소통의 기능

14

을 이해하는 근거를 제시하고 그 기능을 파악하여 적절한 행동을 가르치는 것이 도전적 행동 대처에 중요한 단계임을 밝히고 있다. Strain과 Hemmeter는 도전적 행동에 효과적으로 대처하는 전략들을 제안했는데, 이는 학급환경을 평가하는 것은 물론이고, 아동의 도전적 행동에 반응하는 성인의 태도를 스스로 점검하는 것 또한 매우 중요한 전략임을 밝히고 있다. Boulware, Schwartz, McBride는 아동의 도전적 행동에 가족이 잘 대처할 수 있도록 지원하는 프로그램을 다섯 단계로 설명하고 있다. 이 프로그램에서 제시하는 단계는 이 모노그래프의 모든 논문에서 다루는 개념을 바탕으로 하고 있으나 단지 그 초점을 가정환경과 가족 지원에 두고 있다. Walker, Stiller, Golly는 반사회적 행동의 초기 징후를 보이는 아동을 위한 접근으로서, 가정과 학교 간의 구체적인 협력적 중재를 설명하고 있다. 이와 같은 네 편의 논문은 배경 정보, 도전적 행동에 대처하는 구체적인 전략, 전략을 실제로 적용한 사례연구나 실례를 기술하고 있다. Lawry, Danko, Strain은 학급에서 주로 일어나는 문제들을 질의-응답 형식으로 다루고 있다(예: 전이시간을 어떻게 하면 덜 시끄럽고 소란스럽지 않게 할 수 있을까?).

종합하면, 이 모노그래프에 실린 논문들은 학급이나 가정에서 도전적 행동을 예방할 수 있는 정보와 도전적 행동을 확인하고 대처하는 데 관한 정보를 제공하고 있다. 이 논문들이 모든 유형의 도전적 행동을 다루는 데 필요한 모든 정보를 제공하지는 못하지만, 다양한 상황에서 이용할 수 있는 체계와 접근법을 알려 주고 있다. 덧붙여, 각 논문은 더욱 구체적인 정보를 찾아볼 수 있도록 주요 참고문헌들을 소개하고 있다.

도전적 행동 중재에 관한 DEC 성명서

1998년 4월 채택되었음

많은 유아들이 초기 발달과정 중에 도전적인 행동을 보이며 이들 중 대부분의 유아들은 발달에 적합한 관리 기법에 반응을 보인다.

장애를 가진 유아의 부모를 포함하여 모든 부모는 안전하면서 잘 지도하는 학교, 어린이집, 유치원 또는 지역사회 프로그램에 자녀를 보내기를 원한다. 많은 유아들은 초기 발달의 다양한 시기에 도전적인 행동을 보인다. 일반적으로 이러한 행동은 일시적이며, 연령이 높아짐에 따라 자연스럽게 감소하거나 적절한 지도전략에 의해 개선된다. 그러나 어떤 아동은 성인이 예의주시하고 적절한 지도전략을 사용함에도 불구하고 여전히 도전적인 행동을 한다. 이러한 아동의 경우, 도전적 행동이 자신이나 타인에게 해를 끼치는 결과를 낳거나, 환경에 물리적 손상을 입히거나, 새로운 기술 습득을 방해하거나, 사회적으로 아동을 고립시키기도 한다(Doss & Reichle, 1991). 이런 아동은 추가적인 중재노력이 필요하다.

◖◉ DEC는 도전적 행동을 다루는 다양한 서비스와 중재전략이 상당히 많이 있다고 확신한다.

　대부분의 도전적 행동의 발달적 특성을 보면, 아동이 적절한 행동을 학습할 수 있도록 가정이나 교육환경에 첨가할 수 있는 다양한 보완적 서비스(supplemental services)가 있다. 다양한 중재전략은 형식적 또는 비형식적 지원을 통해 실행될 수 있다. 서비스나 전략은 다음과 같은데, 이러한 것들만 있는 것은 아니다. ① 도전적 행동을 예방하고 모든 아동이 적절한 행동을 학습하도록 환경과 활동을 만들기, ② 유아가 나타내는 도전적 행동의 양식과 기능을 모두 다루면서 긍정적이고 효과적인 행동중재를 사용하기, ③ 유아가 환경에서 적절한 행동을 학습할 수 있도록 교육과정을 수정하고 조정하기, ④ 외부 자문(external consultation)과 기술적 도움(technical assistance)을 제공하거나 추가 인적 지원(additional staff support)을 제공하기 등이 있다. 이 외에 개별화교육프로그램(IEP)이나 개별화가족서비스계획(IFSP) 실시에 참여하는 모든 전문가는 효과적인 예방 및 중재 프로그램 실시에 필요한 지식과 기술을 반드시 습득하여야 한다.

◉ DEC는 도전적 행동에 대한 효과적인 중재를 설계하고 실행하는 데 가족이 중요한 역할을 한다고 굳게 믿는다.

　유아기 교육에서 가족의 중요성을 강조하듯이, 도전적 행동대처에서도 가족의 역할은 매우 중요하다. 도전적 행동은 장소, 사람, 시간과 상관없이 일어날 수 있기 때문에 가족은 중재 팀의 핵심적인 구성원이 된다. 중재가 효과적으로 이루어지고, 가족과 아동의 요구 및 강점이 모두 다루어지려면, 가족구성원과 전문가 사이의 협력적인 노력이 반드시 필요하다. 도전적 행동을 찾아내고, 가능한 중재를 개발하며, 아동을 배치하고, 지속적으로 평가하는 이 모든 결정은 반드시 가족과 의견 일치를 통해 이루어져야 하며, 이는 IEP, IFSP, 또는 기타 팀의 의사결정 과정을 거쳐 진행할 수 있다.

참고문헌 💡

Doss, L. S., & Reichle, J. (1991). Replacing excess behavior with an initial communicative repertoire. In J. Reichle, J. York, & J. Sigafoos (Eds.), *Implementing augmentative and alternative communication: Strategies for learners with severe disabilities*. Baltimore: Brookes.

학급에서 도전적 행동이 일어납니까

대응하지 말고 가르치세요

Shelly L. Neilson, M.Ed., University of Minnesota
Melissa L. Olive, M.Ed., University of Nevada-Reno
Amy Donovan, M.A., University of Minnesota
Mary McEvoy, Ph.D., University of Minnesota

여러분에게 타일러를 소개하고자 한다. 타일러
는 다른 사람이 무엇인가를 시킬 때마다 바닥에 드러누워, "싫어!"
라고 소리 지른다. 이와 같이 교사가 다루기 쉽지 않은 행동을 하는
아동은 거의 모든 유아학급에서 발견된다. 교사는 아동의 반항, 공
격성, 자해(self-injury)와 같은 행동으로 인해 좌절감을 느끼며, 또한
이와 같은 행동은 아동 자신에게도 문제가 될 수 있다. 다행스럽게
도, 많은 유아 환경에서 실행할 수 있는 전략들, 즉 이러한 도전적
행동을 진단 · 평가하고 관리할 수 있는 전략들이 있다. 이 논문의
목적은 이러한 전략을 살펴보는 것이다. 특히 도전적 행동을 진단 ·
평가하는 방법과 진단 · 평가 정보를 가지고 중재계획을 세우는 방
안에 초점을 맞추고자 한다.

문제행동을 바라보는 방법에는 여러 가지가 있지만, 여기서는 행
동적 접근을 이용하여 행동을 분석하고 중재를 논하고자 한다. 물론
행동적 접근이 유일한 접근은 결코 아니지만, 지금까지 도전적 행동

을 진단 · 평가하고 감소시키는 데 상당히 효과적임이 증명되었으며, 장애아동 및 비장애아동들의 적절한 행동 향상에도 성공적으로 적용되었다(Arndorfer, Miltenberger, Woster, Rortvedt, & Gaffaney, 1994; Dunlap et al., 1993; Kern, Childs, Dunlap, Clarke, & Falk, 1994; Scotti, Ujcich, Weigle, Holland, & Kirk, 1996; Strain et al., 1992; Umbreit & Blair, 1997). 따라서 행동적 접근을 이용한 많은 방법들이 최상의 실제(best practice)로 고려된다(Arndorfer & Miltenberger, 1993). 예를 들면, 개정된 IDEA도 이 논문에서 언급한 절차들 중 다수를 추천하였으며, 구체적으로 기능적 행동평가(functional behavioral assessment)를 강조하였다(Office of Special Education and Rehabilitation, 1997).

이 논문에서는 특정한 행동 용어들, 예를 들면 '강화' '행동의 기능적 평가'와 같은 용어들이 사용된다. 용어들이 쓰일 때마다 설명되겠지만, 몇 가지 용어는 여기서 명확하게 하고자 한다. 먼저, '도전적 행동(challenging behaviors)'이란 위험하거나, 혐오스러운(disgusting), 또는 파괴적인(disruptive) 행동을 의미한다(Risley, 1996). 이는 자신을 해치거나 타인을 해치는 행동, 물리적 환경에 손상을 입히는 행동, 새로운 기술 습득에 방해되는 행동, 아동을 사회적으로 고립시키는 모든 행동을 의미한다(Doss & Reichle, 1991). 도전적 행동을 이와 같이 정의하면, 거의 모든 아동이 장애와는 상관없이 때때로 도전적 행동을 보임을 알 수 있다. 다행스럽게도 대부분의 아동에게는 이러한 행동이 어쩌다 일어나지만, 어떤 아동에게는 도전적 행동이 자주 그리고 강하게 나타난다.

또한 자주 쓰이는 용어로 강화제(reinforcer)가 있다. 기본적으로 강화제란 어떤 행동 뒤에 따르는 것으로, 그 행동이 앞으로 일어날 확률을 증가시키거나 유지시키는 것이다(Alberto & Troutman, 1995). 많은 아동에게는 강화제가 포옹, 미소, 칭찬, 장난감, 음식 등이 될 수 있다. 또 다른 아동에게는 어떤 형태의 관심(부정적인 것을 포함하여)을 얻는 것이 될 수도 있고 특정 활동을 회피하는 것과 성인에게서 벗어나는 것 또한 강화제가 될 수 있다. 그래서 아동은 어떤 유형의 강화제(예: 관심)를 얻기 위해 도전적인 행동을 하기도 한다.

과거에 우리는 도전적 행동을 교정하기 위해 '상세한 설명서(cookbook)' 접근을 사용하는 경향이 있었다. 만약 티나가 침을 뱉으면, 침 뱉는 것을 줄이도록 설계된 중재를 실시하였고, 조이가 다른 사람을 깨물면, 깨무는 행동을 감소키는 중재를 실시하였다. 즉, 교사로서 도전적 행동의 '형태(form)'에만 관심을 가졌다(예: 발로 차기, 다른 사람 물기 등). 이러한 접근은 일부 아동에게 가끔은 효과가 있었지만, 항상 효과적이지는 않았다. 30여 년간의 연구를 통해 밝혀진 것은, 어떤 행동을 하는 것은 구체적인 기능이나 목적이 있으며, 행동 이전에 일어나는 사건 즉, 선행사건(antecedent)에 의해 예측되고 행동 이후에 일어나는 후속결과(consequence)에 의해 유지된다는 점이다(Bijou, Peterson, & Ault, 1968; O'Neill, Horner, Albin, Storey, & Sprague, 1990; Reichle & Wacker, 1993).

효과적인 중재를 계획할 때 행동의 형태와 기능 두 가지를 모두 고려하는 것은 매우 중요하다(Reichle & Wacker, 1993). 행동의 형태는 고함 지르기, 깨물기, 장난감 부수기 등 그 어떤 것도 될 수 있는 반면, 도전적 행동의 기능은 대체로 두 가지 일반적인 영역, 즉

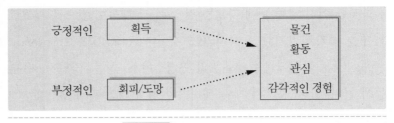

[그림 1]　도전적 행동의 기능

결과를 획득하기(즉, 정적 강화) 또는 결과로부터 벗어나거나 피하기
(즉, 부적 강화) ([그림 1] 참조) 중 한 가지에 속한다.

　행동은 다소 복잡하며 진공상태에서 일어나지는 않지만, 다음 예
는 성인이 어떤 결과를 얻기 위해 어떤 행동을 하는지 간단하게 보
여 주고 있다. 자동판매기의 전형적인 기능을 생각해 보자. 우리는
음료수를 사기 위하여(기능) 동전을 집어넣는다(형태). 이 예에서 우
리가 하는 행동의 기능은 물건을 갖는 것이다. 다음으로 학급의 예
를 들어보자. 다운증후군을 지닌 베일리가 교사의 머리를 자주 잡아
당긴다. 베일리가 그렇게 할 때마다 교사는 매우 흥분하여 "하지
마."라고 말한다. 이 예에서 베일리가 하는 행동의 기능은 교사의 관
심을 얻는 것일 수 있다. 베일리에게는 관심이 강화제일지 모른다.
머리를 잡아당김으로써(형태), 베일리는 관심을 얻고(기능), 베일리
가 교사의 머리를 잡아당길 때마다 일관되게 그리고 원하는 대로 교
사의 관심을 받음을 학습한다.

　다른 예로서, 특정 활동을 피하는 기능을 갖는 행동을 생각해 보
자. 베일리가 교사의 관심을 얻고자 하는 행동과 달리 관심을 피하
기 위해 점심시간에 도전적인 행동을 하는 경우가 있다. 자신의 탁
자에 아무도 앉지 못하고 다른 탁자로 옮겨 갈 때까지(기능) 주변에

앉아 있는 모든 아이들의 식판을 밀어 버리는 것이다(형태). 베일리는 점심시간에 다른 아이들과 함께 앉기가 싫기 때문에 다른 아이들이 모두 떠나가도록 이러한 행동을 하는 것이다.

또 다른 예로서 대집단 활동 시에 일어나는 회피행동이 있다. 자폐증 진단을 받은 애니는 대집단 활동을 할 때 친구 벤을 깨물고는(형태) 활동에서 제외된다(기능). 여기서 드러나는 유형, 즉 '애니가 대집단 활동영역으로 온다—친구를 깨문다—대집단에서 벗어난다.'의 과정을 볼 수 있다. 교사는 애니의 무는 행동을 감소시키기 위하여 중재를 실시하였지만, 애니를 활동에서 제외시키는 것은 결과적으로는 애니가 대집단 활동을 안 하는 것을 강화할 수도 있다.

베일리의 예에서, 베일리는 두 가지 다른 기능(관심 획득과 관심 회피)을 위해 두 가지 다른 형태의 도전적 행동을 보였다(머리 잡아당기기와 식판 밀어버리기). 그러나 한 가지 형태의 행동이 한 가지 이상의 기능을 나타낼 수도 있다. 본 논문 서두에서 묘사하였던 타일러의 예에서, 타일러는 다른 사람이 자신에게 지시를 내리면 성질을 부렸으며, 장난감이 치워졌거나 어머니가 교사에게 이야기하고 있을 때, 간식시간에 자신이 좋아하는 컵을 갖지 못하였을 때도 성질을 부렸다. 여기서는 한 가지 행동 형태(성질부리기)가 여러 가지 기능, 즉 지시 따르기 회피, 장난감 다시 얻기, 어머니의 관심을 계속 붙들기 등을 하는 것으로 볼 수 있다.

이와 마찬가지로 여러 형태의 행동이 한 가지 기능을 가질 수도 있다. 침을 뱉는 티나를 생각해 보자. 침 뱉는 것 외에 티나는 교사의 관심을 끌기 위해 발로 차고, 물고, 할퀴고, 꼬집는 등의 행동을 하였다. 많은 형태의 행동을 보였지만 모두가 한 가지 유사한 기능

〈표 1〉 도전적인 행동과 가능한 기능의 예

행동 형태	가능한 기능
울기	관심을 얻기 위하여
울기	특정한 활동을 피하거나 벗어나기 위하여
울기	귀의 통증을 표현하기 위하여
물건 집어 던지기	분노와 좌절감을 표현하기 위하여
물건 집어 던지기	그것이 만들어 내는 소리를 듣기 위하여
자신을 때리기	관심을 얻기 위하여
자신을 때리기	지시하는 것을 피하거나 벗어나기 위하여
자신을 때리기	엔도르핀 방출을 위하여

을 갖는 것이었다(〈표 1〉 참조).

티나의 행동을 변화시키기 위한 첫 번째 단계는 그 행동의 기능을 결정하는 것인데, 이는 기능적 평가 과정을 이용한다(O'Neill et al., 1990). 기능적 평가는 도전적인 행동 직전과 직후에 일어난 사건을 유심히 관찰하는 것이다. 이렇게 함으로써 도전적인 행동을 유발하는 인물, 사건, 활동을 확인할 수 있으며, 그 행동이 일어나기 쉬운 시점을 예측할 수 있다(Strain et al., 1992). 기능적 평가의 요소로는 면담, 직접 관찰, 환경 조정(environmental manipulation) 등이 포함된다.

도전적 행동의 기능을 이해하는 중요한 첫 번째 단계는 면담과정이다. 부모, 교사 또는 아동을 돌보는 사람을 면담하여 매우 중요한 정보를 얻을 수 있다. 예를 들면, "메리가 울기 시작할 때 당신은 다른 아이들과 상호작용하고 있습니까?" "마이클이 장난감을 집어 던지면 당신은 어떤 요구를 합니까?" 등과 같은 단순하고 비형식적인

26

질문을 던질 수 있다. 또한 "제이미가 친구를 물면 그다음에 어떤 일이 벌어지나요?" "디마리오가 오락 영역(entertainment center)에 올라가면 선생님은 어떻게 하나요?" 등과 같이 행동이 발생한 다음에 어떻게 되었는지에 대한 질문을 던질 수 있다.

좀 더 형식적이고 구조화된 다른 형태의 면담도 있다. O'Neill과 그의 동료들(1990)이 개발한 면담 지침서에는 문제행동과 관련된 선행사건과 후속결과에 대한 질문이 있다. 이러한 심층 면담은 언제 행동이 일어났는지, 어떤 중재가 적용되었는지, 이전 중재가 효과적이었는지, 아동이 어떤 것을 선호하는지, 아동의 의학적·생리적 상태가 어떠한지 등에 관한 정보를 이끌어 낸다. 평정척도(rating scales) 또한 정보를 제공한다. 널리 이용되는 척도 중의 하나인 동기부여 평가척도(Motivational Assessment Scale)(Durand & Crimmins, 1990)는 16가지 문항으로 이루어져 있는데, 도전적인 행동의 가능한 기능을 평가하는 척도로서 타당도가 높은 평정척도다. 이 척도는 손쉽게 빠른 시간 안에 사용할 수 있으며 아동의 삶에 연관된 사람이면 누구나 사용할 수 있다는 점에서 특히 유용하다.

다음 단계는 직접 관찰인데, 이는 아동이 나타내는 도전적 행동의 기능에 관해 직접적이며 결정적인 정보를 제공한다. 가장 흔히 이용되는 직접 관찰은 ABC 분석(Bijou, Peterson, & Ault, 1968)이다. ABC는 선행사건(Antecedent), 행동(Behavior), 후속결과(Consequence)를 뜻하는데, 이 분석에서는 세 가지 요소 각각을 기록한다. 첫째, 선행사건은 도전적인 행동이 발생하기 직전에 일어난 것을 의미한다. 일반적인 선행사건의 예를 들면, 도전적 행동을 유발하는 것은 교사의 지시, 교사의 관심 부재, 아동에게 어려운 활동, 전이시간 등이 될 수 있다. 둘째, 행동은 행동의 형태(예: 때리기, 울기, 물기, 도망가기 등)를 의미한다. 도전적 행동의 형태를 명확하게 확인하는 것은 매우 중요하다. 표적행동에 대한 묘사가 너무 포괄적이라면 행동의 기능을 정확하게 조준하는 것이 매우 어려울 수 있다. 예를 들면, 바비가 교사의 관심을 끌기 위해 소리를 지르고 정리시간을 회피하기 위해 장난감을 던질 수 있다. 이 두 가지 행동은 성질부리는 행동으로 간주될 수 있다. 교사가 두 행동을 모두 성질부리는 행동으로 기록한다면 각 행동의 기능이 불명확해질 수 있다. 셋째, 행동 발생 직후 일어나는 것이 후속결과다. 행동의 전형적인 결과란 성인의 관심 획득(예: 재지시, 꾸중), 선호하는 장난감 획득, 또는 장난감 정리와 같은 싫어하는 활동 회피(예: 타임아웃) 등을 포함한다.

교실에서 ABC 분석을 사용하는 방법에는 여러 가지가 있다. 가장 흔한 방법은 선행사건, 행동, 후속결과를 일어나는 순서대로 이야기식으로 기록하는 것이다. 이러한 분석의 예가 〈표 2〉에 제시되어 있다. 이러한 형태를 사용하거나, 혹은 O'Neill과 그의 동료들(1990)이 제시한 형태를 사용하든지 간에 ABC 분석의 가장 중요한 요소는 일어난 행동과 그 선행사건 및 후속결과 사이의 연결고리를 찾고자 노력하는 것이다.

도전적 행동의 기능을 이해하려면 처음에는 면담과 직접 관찰이 필요하지만, 행동의 기능을 명확하게 확인하기 위해서는 환경조정(environmental manipulation)이 필요할 수 있다. 환경조정이란 특

<表 2> 타일러의 ABC 분석

날짜/시간	선행사건 직전에 무엇이 일어났나?	행동 아동이 무엇을 하였나?	후속결과 직후에 무엇이 일어났나?	파악된 기능/비고 행동의 가능한 기능이 무엇인가?
1/10 10:30	미술활동이 시작되고 3분이 지났는데, 타일러는 참여하지 않음. 교사가 타일러에게 그림을 그리라고 말함.	타일러는 "싫어!"라고 소리 지르며, 종이를 바닥에 집어 던짐.	교사는 다른 곳으로 가 버리고, 타일러는 미술활동 영역을 떠나 블록 영역으로 감.	미술활동에서 벗어남.
1/10 11:30	교사가 점심시간이 되었음을 알리며, 타일러가 손을 씻도록 세면기로 데려가려고 손을 잡음.	타일러는 바닥에 누워 울기 시작함.	교사는 "알았어, 손은 안 씻어도 돼. 그러나 물티슈로는 닦아야 한다."라고 말함.	손씻기를 피한 것인가? 또는 단순히 물티슈를 좋아하는 것인가?
1/11 8:30	교사는 전체 아동에게 정리 시간을 알리며 대집단활동이 시작될 것이라고 말하고 나서 타일러에게 다가감.	타일러는 갖고 있던 트럭을 집어 던지며 "정리하기 싫어!"라고 소리 지름.	교사는 "장난감을 집어 던지면 안 돼. 타임아웃 자리로 가."라고 지시함. 타일러는 다른 아동들이 정리할 동안 타임아웃 의자에 앉아 있음. 정리가 끝났을 때 다른 아이들과 함께 대집단 활동 자리로 감.	장난감 정리를 피함.

정한 선행사건 그리고/또는 후속결과를 변경하여 그 변경이 도전적인 행동에 어떠한 영향을 미치는지 보는 것이다(예: 교사가 자유놀이

시간 내내 관심을 제공하면 도전적인 행동이 감소하는가?). 이 논문에서는 환경조정에 대해 상세하게 다룰 수 없지만, 환경조정 절차에 관심이 있다면, O'Neill과 그의 동료들(1990)의 연구를 참조하면 된다. 이들의 연구에서는 도전적인 행동의 기능을 심층적으로 분석하는 방법을 매우 상세하게 설명하고 있다.

아동 행동의 기능을 평가하는 것이 그 행동을 관리하는 데 중요한 단계이긴 하지만, 이는 단지 시작에 불과하다. 성인의 대응(reaction)과 아동의 행동을 유발하는 선행사건이 반드시 바뀌어야 한다. 성인의 반응이 왜 중요한가? 대부분의 경우, 성인의 대응이 도전적 행동을 유지시키고 심지어 증가시키기도 하기 때문이다. 예를 들면, 주의집중력 결함이 있는 제레미아가 방금 미술재료를 바닥에 집어 던지고 소리치며 엘렌의 머리를 잡아당겼다면, 이러한 상황에서 당신은 어떻게 하겠는가? 학급에서 도전적 행동이 일어나면 교사의 첫 반응은 보통 감정적이 된다. 즉, 아동이 잘못된 행동을 하면, 교사는 야단을 치거나, 훈계를 하거나, 또는 집단에서 추방하는 경향이 있다. 교사의 의도는 제레미아가 자신의 행동이 잘못된 것임을 깨닫도록 하고자 하는 것이다. 그래서 먼저 제레미아에게 친구를 아프게 하는 것은 잘못된 것임을 말한다. 그리고 나서 울고 있는 엘렌을 가리키며 왜 친구의 머리를 잡아당겼는지 설명하라고 한다. 또한 제레미아가 자신이 집어 던진 물건을 다시 주울 때까지 그리고/또는 엘렌에게 사과할 때까지 제레미아의 옆에 있을 것이다. 교사의 의도는 훌륭하지만, 때로는 이것이 불필요하다. 대부분의 아동은 어떤 행동이 부적절한지와 어떤 행동이 즉각적이고 감정적인 반응을 이끌어내는지 재빨리 배운다. 아동의 목표가 교사와의 일대일 시간을 얻는

30

것이라면, 아동은 이러한 도전적 행동을 하면 된다는 것을 금세 알아차리게 될 것이다.

전혀 의도하지 않았지만, 도전적 행동을 오히려 증가시키는 또 다른 전형적인 반응은 한 영역에서 아동을 제외시키거나 학습자료를 뺏는 것이다. 앞의 제레미아 예에서, 제레미아가 교사의 관심을 얻고자 하는 것이 아니라 미술활동을 회피하기 위해 도전적인 행동을 했다고 생각해 보자. 미술활동이 자신에게는 너무 어려웠거나 미술활동을 하기 싫었기 때문이었을 수 있다. 이때 교사가 제레미아에게 미술활동을 그만두게 조치한다면, 제레미아는 자신의 목표를 성취한 셈이 된다. 마찬가지로 제레미아가 집어 던진 미술재료를 교사가 거두어 가면, 문제행동을 증가시키는 방향으로 교사가 반응하는 셈이 된다. 만약에 미술활동을 어렵게 만든 원인이 바로 재료에 있었다면, 그것이 치워졌음은 제레미아에게 미술활동은 더 이상 문제가 아닌 것이다. 교사의 반응이 앞서 언급된 첫째 반응과 비슷하게 제레미아에게 재료를 집어 던진 행동이 잘못된 것임을 설명하며 몇 분을 소비한다면, 제레미아는 단지 몇 분간이라도 그 활동을 회피하는 데 성공한 셈이 된다.

아동이 종종 도전적 행동을 하는 이유는 이 방법이 관심을 끌거나 활동을 회피하는 데 가장 효과적이기 때문이다. 어떤 면에서 아동은 의사소통하기 위해 도전적 행동을 하고 있다. 그러므로 도전적인 행동에 감정적으로 반응하기보다, 아동이 적절한 방법으로 관심을 획득하고 원하지 않는 활동에 대처할 수 있도록 가르치는 데 초점을 맞추어야 한다. 이렇게 할 수 있는 한 가지 방법은 긍정적인 행동(우리가 자주 가르치는 것)에 일관되게 반응하며, 도전적인 행동에는 반응을 하지 않는 것이다. 목적은 도전적 행동이 아니라, 아동이 적절한 행동을 하도록 하는 것이다.

아동이 도전적 행동 대신에 할 수 있는 행동은 여러 가지가 있다. "나랑 같이 놀아 줘." "내가 좋아하는 장난감 줘." "나 쉬고 싶어." "나 다했어." "싫어." "안 하고 싶어." "도와줘." 등 아동이 말로 표현하거나, 몸짓을 이용하거나 그림 기호 등을 이용하도록 가르칠 수 있다(〈표 3〉 참조). 도전적 행동을 의사소통 양식으로 대체하는 것을 기능적 의사소통 훈련(Functional Communication Training: FCT)이라 부른다(Carr et al., 1994). 기능적 의사소통 훈련은 아동이 도전적 행동을 함으로써 획득하였던 결과와 같은 결과를 다른 방법으로 얻도록 훈련하는 것이다. 예를 들면, 티나가 관심을 얻기 위해 도전적 행동을 하는 것이 확인되면, 티나가 도전적 행동을 할 필요 없이 다

〈표 3〉 의사소통적 대체의 예

도전적 행동의 기능	의사소통적 대체	언어적 반응	비언어적 반응	기호 선택
관 심	• 관심 요청	• "놀아 주세요." 라고 말함	• 수화로 "놀자."	• '장난감' 기호 누름
관심 또는 회피	• 도움 요청 • 작업 체크 요청	• "도와주세요." 라고 말함 • "이것 맞아?" 라고 말함	• 수화로 "도와줘." • 수화로 "보세요."	• '도움' 기호 누름 • '작업 체크' 기호 누름
회 피	• 휴식 요청 • 거절	• "다했어."라고 말함 • "아니요."라고 말함	• 수화로 "다했음." • 수화로 "아니요."	• '휴식' 기호 누름 • '아니요.' 기호 누름

른 적절한 방법으로 관심을 얻도록 가르치는 것이다.

교사가 정리시간을 알리면 항상 장난감을 집어 던지기 시작하는 몰리를 위한 의사소통 중재를 계획해 보자. 이전에는 몰리가 장난감을 던지면 교사가 타임아웃을 실시하였다. 그러나 도전적 행동의 기능이 정리시간 회피에 있다면, 교사는 무심코 몰리의 행동을 강화하였을 수 있다. 행동의 기능을 측정한 결과, 몰리가 도전적 행동을 하는 이유가 정리를 회피하기 위함이었음이 밝혀졌다고 가정하자. 그렇다면, 교사는 몰리에게 "도와주세요."라고 말하도록 가르칠 수 있을 것이다. 이 경우, 몰리의 도전적 행동(즉, 장난감 집어 던지기)과 적절한 행동(즉, "도와주세요."라고 말하기)은 같은 목적을 지닌다. 즉, 두 반응 모두 몰리가 정리를 피할 수 있도록 한다.

이러한 중재가 성공하려면, 적절한 행동(즉, 의사소통)이 이전에 도전적 행동으로 얻었던 결과와 똑같은 결과를 얻도록 해야 한다. 동시에 도전적 행동이 더 이상 효과가 없도록 만드는 것이 중요하다. 몰리가 "도와주세요."라고 말할 때 장난감 정리를 도와주지만, 몰리가 장난감을 집어 던질 때는 정리하는 것을 벗어나지 못하게 하는 것이다. 아마 당신은 이런 생각이 들 것이다. '그렇다면 몰리는 스스로 장난감을 치울 필요가 없겠는데.' 그 생각이 완전히 틀린 것은 아니다. 당분간은, 몰리가 자신이 갖고 놀던 장난감을 치우지 않아도 된다. 그러나 기억해야 할 점은 몰리가 타임아웃에 보내질 때도 장난감을 치우지는 않는다는 것이다. 이 중재를 사용하면, 처음에는 도전적 행동을 감소시키며 활동에서 벗어날 수 있는 적절한 방법을 가르치게 되는 것이다. 그다음에 몰리가 장난감을 치울 수 있도록 가르치는 것이다. 몰리가 더 이상 장난감을 집어 던지지 않을 때 장난감 정리하는 것을 가르치는 것이 훨씬 수월하다는 것이다.

기능적 의사소통 훈련은 일종의 선행사건 중재(antecedent inter-vention)다. 이는 도전적인 행동이 발생하기 전에 중재를 실시한다는 의미다. 선행사건 중재는 교사와 아동이 도전적 행동에 직면하는 상황을 미리 예방하는 것이다(Carr et al., 1994). 선행사건 중재를 사용하기 위해서는 도전적 행동이 일반적으로 일어나는 시점을 정확하게 알고 있어야 하며, 아동이 그 상황까지 가기 전에 중재를 반드시 해야 한다. 몰리의 예를 보자. 장난감을 정리하라고 하면 몰리가 도전적 행동을 하는 것을 우리가 알고 있다. 그런데 몰리에게 단순히 정리하라고 말하고 몰리가 도전적 행동을 하는 것을 기다리기보다는, 정리하라는 지시를 내리기 전에 도움이 필요하다고 말하도록 가르치는 것이다. 정리시간이 다가오면, 몰리에게 "정리시간이 다 되어 간다. '도와주세요.'라고 말하여라."라고 하는 것이다. 이 경우, 몰리는 자신이 정리해야 할 시점 이전에 도움을 요청하게 된다. 따라서 도전적 행동을 할 필요가 없어진다. 왜냐하면 몰리가 적절하게 도움을 요청하면 교사가 정리하는 것을 도와주기 때문이다.

만약에 도전적 행동이 발생한 후에 똑같은 중재를 실시한다면 어떤 일이 벌어질 것인지 생각해 보자. 몰리에게 장난감을 정리하라고 지시를 내린다. 몰리는 장난감을 집어 던진다. 그러면 몰리에게 다가가서 "도와주세요."라고 말하라고 한다. 이 예에서 두 가지 실수를 발견할 수 있다. 첫째, 도전적 행동이 발생한 이후에 중재가 실시되었다. 몰리가 도전적 행동을 보인 후에 도와달라고 가르치게 되면 우리의 의도와는 달리 몰리로 하여금 먼저 도전적 행동을 하고 그다음에 도움을 요청하라고 가르치는 셈이 된다. 둘째, 도전적 행동 이

34

후에 중재를 실시하게 되면, 교사가 정리시간을 알릴 때마다 그 행동에 대하여 반응을 해야 한다. 이는 교사에게 더 큰 부담을 주게 되는데, 몰리의 도전적 행동에 반복적으로 대처해야 하기 때문이다. 반면에 도전적 행동 발생 이전이나 행동 부재 시에 새로운 행동을 가르치면, 도전적 행동을 애초부터 예방하는 것이 되며 부적절한 순서로 아동이 학습할 위험(예: 장난감 집어 던진 후 "도와주세요."라고 말함)을 덜 수 있다.

앞서 들었던 타일러의 예로 돌아가자. 타일러의 도전적 행동에 대한 기능적 평가를 실시하였다(앞의 〈표 2〉 참조). 타일러는 누군가 자신에게 무엇을 시킬 때마다 바닥에 드러누워 소리를 지르는 행동을 보였다. 기능적 평가를 실시한 결과에 따르면, 장난감 정리를 피하고, 간식 먹기 전에 준비하는 것을 거부하며, 탁자 위에서 하는 활동을 하기 싫어서 도전적 행동을 하는 것으로 나타났다. 따라서 교사는 도전적 행동의 기능이 이러한 활동들을 피하는 것으로 결론지었다. 이와 같은 정보에 따라, 교사는 적절한 의사소통 행동, 즉 "나 안 하고 싶어요."를 가르치기로 결정하였다. 정리시간이 되면 타일러가 "나 안 하고 싶어요."라고 말하도록 촉구하였으며, 교사는 타일러가 정리시간에서 잠시 벗어날 수 있도록 해 주었다. 이렇게 함으로써 타일러가 과제를 피하기 위해 성질부리는 일이 일어나지 않도록 하였으며, 자신의 의사를 좀 더 적절한 방향으로 표현할 수 있도록 가르쳤다.

타일러 같은 아동과 함께 하

는 우리에게는 도전적 행동이 일과의 일부가 된다. 우리는 이러한 행동에 대처하는 우리의 방식을 계속적으로 평가 및 재평가한다. 기능적 평가는 아동의 행동을 유지하는 사건, 활동, 인물을 확인시켜 주는 도구가 된다. 그래서 중재가 실패하는 실수를 반복하지 않도록 해 준다. 행동의 기능을 알게 되면, 중재노력을 어디에 맞추어야 할지를 알게 된다. 마찬가지로, 행동 감소가 일어나지 않은 채 같은 행동에 반복적으로 대응하는 것은 우리를 지치게 만들고 좌절감을 느끼게 한다. 이 글은 도전적인 행동에 대응하기보다 계획을 어떻게 짜야 하는지를 말하고 있다. 기능적 평가와 기능적 의사소통 훈련(즉, 도전적인 행동을 대체하는 좀 더 적절한 행동 가르치기)의 결합은 장애아동과 비장애아동 모두를 위한 학급에서 사용 가능한 효과적인 중재전략이다. 공격적이고 파괴적인 행동에 대응하기보다 아동에게 적절한 행동을 가르치는 데 더 많은 시간을 보내야 한다. 그 결과는 노력의 가치를 충분히 보장한다.

주

본 연구는 미네소타대학교의 Joe Reichle 박사와 Mary McEvoy 박사에게 수여된 미국 교육부 연구보조금(No. HO29D050063) '지도자 양성: 도전적 행동을 하는 취학전 유아의 요구를 다루기 위한 지도력 훈련'의 지원으로 수행되었다.

참고문헌

Alberto, P., & Troutman, A. (1995). *Applied behavior analysis for teachers*. Englewood Cliffs, NJ: Prentice Hall.

Arndorfer, R., & Miltenberger, R. (1993). Functional assessment and treatment of challenging behavior: A review with implications for early childhood. *Topics in Early Childhood Special Education, 13*(1), 82-105.

Arndorfer, R., Miltenberger, R., Wooster, S., Rortvedt, A., & Gaffaney, T. (1994). Home-based descriptive and experimental analysis of problem behaviors of children. *Topics in Early Childhood Special Education, 14*(1), 64-87.

Bijou, S. W., Peterson, R. F., & Ault, M. H. (1968). A method to integrate descriptive and experimental field studies at the level of data and empirical concepts. *Journal of Applied Behavior Analysis, 1*, 175-191.

Carr, E. G., Levin, L., McConnachie, G., Carlson, J., Kemp, D., & Smith, C. (1994). *Communication-based intervention for problem behavior: A user's guide for producing positive change*. Baltimore: Paul H. Brookes.

Doss, L., & Reichle, J. (1991). Replacing excess behavior with an initial communicative repertoire. In J. Reichle, J. York, & J. Sigafoos (Eds.), *Implementing augmentative and alternative communication: Strategies for learners with severe disabilities*. Baltimore: Paul H. Brookes.

Dunalp, G., Kern, L., dePerczel, M., Clarke, S., Wilson, D., Childs, K., White, R., & Falk, G. (1993). Functional analysis of classroom variables for students with emotional and behavioral disorders. *Behavioral Disorders, 18*(4), 275-291.

Durand, V. M., & Crimmins, D. B. (1990). Assessment. In V. M. Durand (Ed.), *Severe behavior problems: A functional communication training approach* (pp. 31-82). New York: Guilford.

Kern, L., Childs, K., Dunlap, G., Clarke, S., & Falk, G. (1994). Using assessment-based curricular intervention to improve the classroom behavior of a student with emotional and behavioral challenges. *Journal of Applied Behavior Analysis, 27,* 7-19.

Office of Special Education and Rehabilitation.(1997, May). IDEA, 1997 general information home page [On-line]. Available: www.edgov/offices/OSERS/IDEA/summary.html.

O'Neill, R. E., Horner, R. H., Albin, R. Strorey, K., & Sprague, J. (1990). *Functional assessment of problem behavior: A practical assessment guide.* Pacific Grove, CA: Brookes/Cole.

Reichle, J., & Wacker, D. (1993). *Communicative alternatives to challenging behavior: Integrating functional assessment and intervention strategies.* Baltimore: Paul H. Brookes.

Risley, T. (1996). Get a life! Positive behavioral intervention for challenging behavior through life arrangement and life coaching. In L. K. Koegel, R. L. Koegel, & G. Dunlap (Eds.), *Positive behavior support: Including people with difficult behavior in the community* (pp. 425-437). Baltimore: Paul H. Brookes.

Scotti, J., Ujcich, J., Weigle, K., Holland, C., & Kirk, K. (1996). Interventions with challenging behavior of persons with developmental disabilities: A review of current research practices. *Journal for the Association for Persons with Severe Handicaps, 21*(3), 123-134.

Strain, P., McConnell, S., Carta, J., Fowler, S., Neisworth, J., & Wolery, M. (1992). Behaviorism in early intervention. *Topics in Early Childhood Special Education, 12*(1), 121-141.

Umbreit, J., & Blair, K. (1997). Using structural analysis to facilitate treatment of aggression and noncompliance in a young child at risk for behavioral disorders. *Behavioral Disorders, 22*(2), 75-86.

성공할 수 있는 비결
도전적 행동에 직면했을 때

Phillip S. Strain, Ph.D., University of Colorado at Denver
Mary Louise Hemmeter, Ph.D., University of Kentucky

도전적 행동을 정의해 보자. 우선 쉽게 머리에 떠오르는 것은 소리 지르기, 다른 사람 때리기, 도망가기, 욕하기 등 다양한 행동들을 단순하게 열거할 수 있다. 이러한 접근의 문제점은 도전적 행동의 나열이 끝이 없으며, 그 내용에 대해 쉽게 동의할 수 없다는 것이다. 이 논문에서는 도전적 행동에 직면했을 때 성공할 수 있는 핵심적인 비결들을 모아 보았다.

◉ **비결 1** 각자 자신의 과거 경험, 가치관, 교수 경험, 그리고 근무 기관의 지침에 근거하여 도전적 행동을 정의한다.

각자 자신의 고유한 방법으로 도전적 행동을 정의하기 때문에 문제를 이미 떠안고 있다. 자극에 아주 쉽게 반응하는 교사는 집단활동 시에 안절부절못하는 아동이 있으면 이를 참아내기 어렵다. 반면에 다른 교사는 똑같은 상황에서 전혀 상관하지 않으며, 오히려 아

39

동의 행동을 정상적인 행동으로 받아들인다. 도전적 행동을 가장 정확하게 그리고 유용하게 정의하는 핵심은 바로 이것이다. 즉, 도전적 행동이란 당신을 괴롭게 만드는 행동이며, 중단되기를 바라는 행동이다.

도전적 행동을 이렇게 정의하는 우리의 견해에 동의한다면, 다음 두 번째 성공 비결로 넘어가자.

◉ 비결 2 성공하려면 도전적 행동에 좀 더 편안해져야 한다.

여기서 편안해지라는 것은 행동을 아무렇게 하거나 단순히 관심을 두지 말라는 의미가 아니다. 아동의 특정 행동이 우리를 괴롭힌다는(정의에 따르면) 사실을 알고 받아들인다면, 스트레스 상황에 처했을 때 누구든지 자신의 최선을 다하지 못하는 것이 인간의 한계임을 또한 인정할 수 있어야 한다. 이 경우, 아동 행동 때문에 일어난 스트레스에 의해 분노, 좌절감, 당혹감 그리고 무기력감까지 느낄 수 있다는 점을 인정하는 것이다. 어떻게 하면 좀 더 편안해질 수 있을까? 현실적으로 실행하기에 다소 어려운 점도 있으나, 답은 간단하다. 우리는 다음과 같이 제안한다.

1. 당신을 괴롭히는 상황이 정확하게 무엇인지를 파악한다.
2. 당신을 괴롭히는 상황과 그 상황에서 당신이 느끼는 감정에 대해 주위의 동료나 다른 사람들과 이야기를 나눈다.
3. 동료 및 주위 사람들과 상호적인 지원 시스템을 구축한다.
4. 그 상황을 예방하거나 중재할 수 있는 대안들을 늘려가도록 노

력한다.

자신을 괴롭히는 행동들에 대해 좀 더 편안해지기 위해 노력하다가 어느 순간 다음과 같은 일이 일어나면, 자신의 노력이 성공하였음을 깨닫게 될 것이다.

1. 아동을 어딘가로 보냄으로써 문제를 해결하려는 생각을 더 이상 하지 않을 때
2. 내가 통제할 수 없는 외부 사건에 의한 문제행동을 더 이상 비난하지 않을 때(예: "아이가 기분이 안 좋은 상태로 등교한 것뿐이야." "아이가 약을 제 시간에 복용하지 않으면 이런 행동이 일어나는 거야.")
3. 과거에 비해 조금은 나아진 현재 상황을 축하하고 격려할 때
4. 힘든 문제로 고심하는 동료나 친구에게 자신이 조언자가 되어줄 때

도전적 행동에 더욱 편안해지는 최종 단계는 도전적 행동을 예방하거나 교정하기 위한 중재의 효과와 관련하여 대부분의 사람들이 갖고 있는 특정한 생각과 기대를 바꾸는 것이다.

그렇다면 우리가 잘못 알고 있는 생각과 기대는 어떤 것인가? 우리가 이성적으로는 훨씬 더 나은 사고를 하면서도, 실제로 중재를 할 때는 '절대로 다시는 못하게' '확실하게 고쳐서' 등의 기대치를 갖고 임하는 경우가 종종 있다. 이러한 일은 충분히 일어날 수 있다. 아무리 아동이라도 우리에게 욕을 하거나 침을 뱉을 때 그것을 유쾌

하게 여길 사람은 아무도 없다. 하지만, '절대로 다시는 못하게' '확실하게 고쳐서' 등과 같은 기대는 아동이나 성인 모두에게 성공의 기회를 거의 제공하지 못한다. 예를 들어, 하루에 15번 침을 뱉던 아동이 일주일에 2번으로 감소할 정도로 중재가 성공하였음에도 불구하고, '절대로 다시는 못하게'만이 수용 가능한 목표였으므로 성공을 인정하지 못하고 축하하지 못한다면 우리는 자신이 만든 감정의 희생자가 될 뿐이다. 우리가 해야 할 일은 일주일에 2번에서 차츰 더 줄여가는 방향으로 나아가는 것이다. 진정한 도전은 바로 우리와 아동이 서로 성공을 인식할 만큼 충분히 편안해지는 것이다.

'절대로 다시는 못하게' '확실하게 고쳐서'와 같은 위험한 기대와 매우 유사한 것이 있는데, 이것은 우리가 어느 정도 체계적인 중재를 일단 시작하기만 하면 모든 것이 나아질 것이고 더 나빠지지 않을 것이라는 생각이나 희망을 갖는 것이다. 안타깝게도 현실은 종종 정반대로 이루어진다.

특히 행동문제가 장기화된 경우, 우리가 중재를 처음 시도하면 아동은 오히려 도전적 행동의 빈도 그리고/또는 강도(예: 더 강하게 소리 지르기)를 더욱 높이는 경우가 있다. 문제가 나아지기 전에 때로 더 나빠질 수도 있음을 인식하고, 확고하면서 끈기 있게 대처하는 것이 우리의 과제다.

세 번째 잘못된 기대는 도전적 행동을 예방하거나 교정하기 위해 중재를 처음 계획할 때 첫 시도부터 성공할 가능성이 매우 높을 것이라고 기대하는 것이다. 실제로 현실에서 첫 시도의 성공률은 30% 정도밖에 되지 않는다. 수십 년의 경험을 근거로 한 중재계획이 있고 비교적 자원이 풍부하다 할지라도 처음의 중재계획은 대부분 수

정된다. 이렇게 초기 시도의 성공률이 높지 않으므로 다음과 같은
과정이 필요하다.

1. 동료와 가족에게 초기 아이디어를 조심스럽게 소개한다.
2. 중재의 효과를 점검하기 위한 철저한 체계를 세워 실시한다.
3. 중재의 수정 필요성을 논의하기 위해 팀 미팅을 정기적으로(적
   어도 2주에 1회) 가진다.

예방적, 교정적 중재계획을 시작하게 되면(도전적 행동을 정의하고
행동의 결과를 판단하는 데 자신의 역할을 명확하고 정확하게 이해하면
서), 성공에 이르는 그다음 비결은 다음과 같다.

🔵 **비결 3** 도전적 행동이 오랜 기간 지속되었다 함은 그 행동이 아
동 입장에서는 상당히 효력이 있는 행동이다.

비결 3은 도전적 행동의 원인을 우리가 어떻게 이해하는가를 강
조한다. 도전적 행동은 어느 날 갑자기 그냥 일어나지는 않는다(그
렇게 느껴질 수는 있지만). 도전적 행동은 특정 집단의 아동이 보이는
단순한 행동 특성이 아니며, 통제가 안 되는, 기이한, 비기능적인 행
동으로도 보이지 않는다. 오히려 대부분의 도전적 행동은 목적이 있
으며, 의사소통 기능을 갖고 있다. 효과적이든 그렇지 않든, 도전적
행동은 아동이 다음과 같은 여러 가지 메시지를 전달하고자 하는 의
사소통 노력을 나타내고 있다.

1. 나에게 너무 어려운 것을 요구하고 있어요.
2. 당신이 뭘 원하는지 모르겠어요.
3. 난 그것을 갖고 싶고, 지금 당장 그것을 원해요.
4. 나 심심해요, 내게 관심 가져 주세요.

   대부분의 경우, 도전적 행동이 욕구나 선호를 표현하는 것이라고
이해하면 중재의 방정식은 180° 변하게 된다. 단지 아동이 특정한
행동을 멈추게끔 하는 것이 더 이상 정당화되지 않으며, 전문가적
입장에서도 용인되지 않는다. 오히려 아동이 새롭고 쉬우며 사회적
으로 좀 더 수용되는 방법으로 의사소통을 하도록 가르치는 데 초점
을 맞추어야 한다.
   네 번째 성공 비결은 바로 세 번째 비결과 직접적인 연관이 있다.
앞서 언급한 의사소통 예를 좀 더 깊이 살펴보자. 각 예는 아동의 욕
구나 필요사항을 전달하고 있으며, 어쩌면 이미 그러한 행동이 예견
되기 때문에 예방이 충분히 가능할 수 있다. 예를 들면, 아동의 발달

능력에 근접한 활동을 제공하고, 좀 더
구체적으로 요구하며(예: 말을 하면서 그
림을 함께 보여 주기), 기술을 가르칠 때
아동이 선호하는 장난감이나 자료를 이
용하고, 긍정적인 피드백을 다양하게
제공함으로써 여기서 언급한 의사소통
목적을 지닌 도전적 행동을 상당히 예
방할 수 있다.

◉ 비결 4 예방이 목적이 되면, 중재계획의 초점은 아동에게 무엇을 할 것인가에서 학급에서 우리가 현재 하고 있는 것을 어떻게 바꿀 것인가로 바뀐다.

도전적 행동에 대처하는 전략으로서 학급에서 일어나는 실제를 평가하고 변화시키는 방법이 있다. 이 방법을 활용하여 아동의 행동을 직접적으로 다룰 수 있으며, 또한 다른 아동들이 도전적 행동을 보일 가능성을 감소시킬 수 있다. 여기서 제안하는 변화가 모든 도전적 행동을 감소시키거나 예방할 수는 없지만, 이 방법이 체계적인 행동변화 프로그램보다는 실행에 옮기기가 훨씬 더 수월하다.

예방 수단으로 살펴보아야 할 네 가지 범주, 즉 ① 물리적 환경, ② 활동 및 재료, ③ 시간표, ④ 적절한 행동을 촉진하는 전략에 대해 설명하고자 한다. 이 논의의 초점은 아동의 적절한 참여를 향상시키면서 동시에 도전적 행동이 일어날 가능성을 예방하거나 감소시키는 목적으로 교실환경 또는 가정환경을 바꾸는 데 있다.

물리적 환경

아동의 행동에 영향을 미치는 물리적 환경과 관련된 요소는 여러 가지가 있다. 그리고 그 요소들은 손쉽게 바꿀 수 있는 경우가 많다. 첫째, 학습 공간의 배치를 고려하여야 한다. 학습 장소의 공간이 너무 협소하거나 각 영역이 서로 다른 활동 수준과 소음 수준(예: 블록과 듣기 영역)을 섞어 놓았거나 각 영역이 서로 너무 가까우면 아동들

간에 갈등을 유발시키고 문제행동(예: 옆의 아동 방해하기)이 일어날 가능성이 높아진다.

둘째, 교실 내의 통행 방식이 자주 문제의 근원이 된다. 교실의 중앙을 넓게 비워 두는 교실 배치는 아동이 한 활동에서 다른 활동으로 옮겨갈 때 뛰게 만들 수 있다. 협소한 공간에 많은 수의 아동이 있는 학급에서는 영역 간 이동 시 아동끼리 부딪히게 되고, 선반의 물건을 떨어뜨리거나, 의자를 넘어뜨리는 일이 발생할 수 있다. 이러한 유형의 문제들을 예방하기 위해서는 다음과 같은 점들을 고려해야 한다.

- 한 영역에 한꺼번에 여러 명의 아동이 들어갈 수 있도록 공간이 충분하고 각 영역 사이에 경계가 있는가?
- 소음이 허용되는 영역(예: 블록, 역할놀이)과 소음이 적은 영역(예: 듣기, 책읽기) 사이에 어느 정도 거리를 두고 있는가?
- 각 영역에서 필요한 자료와 도구들이 각 영역에 가까이 배치되어 있는가? 예를 들면, 미술 영역이 개수대 근처에 있는가?
- 아동이 뛰어다니는 것을 예방하면서 동시에 영역 사이에 이동이 용이하도록 충분한 공간(휠체어 이동을 포함)이 확보되어 있는가?

활동과 자료

도전적 행동을 예방하는 한 가지 열쇠는 아동이 자료나 사람과 함께하는 활동에 적극적이며 적절하게 참여하도록 만드는 것이다. 여기서 참여(engagement)란 아동이 환경과의 상호작용에 보내는 시간의 양을 의미한다(McWilliam, 1991). 아동이 사람이나 자료와의 상호작용에 몰두하다 보면 도전적 행동을 보일 확률이 매우 낮아진다. 아동이 환경과의 상호작용에 참여하도록 지원할 수 있는 방법은 여러 가지가 있다. 첫째, 아마도 가장 중요한 것인데, 아동이 흥미를 느끼는 자료와 활동을 제공한다. 이 말은 이론적으로는 분명해 보이지만, 실제에서는 항상 쉬운 것은 아니다. 아동의 흥미가 다르기 때문에 아동이 선택할 수 있는 자료와 활동이 다양하게 있어야 한다. 또한, 아동들 사이에 자료를 두고 다툼이 일어나지 않도록 충분한 양의 자료를 제공해야 한다.

둘째, 학급에 있는 각 아동의 발달 수준에 적합한 자료가 제공되어야 한다. 활동이나 자료가 아동에게 너무 어렵거나 충분히 도전적이지 않으면 아동이 좌절감을 느낄 수 있고 좌절감이 때로 문제행동으로 이어질 수 있기 때문이다.

셋째, 자료의 유형이나 난이도 수준을 다양하게 제공한다 할지라도 모든 아동이 독립적으로 자료를 이용하거나 활동에 잘 참여할 것이라고 가정할 수는 없다. 어떤 아동(예: 장애 정도가 심한 아동)은 활동을 선택하는 것, 활동 선택 후 활동에 참여하는 것까지 옆에서 누군가가 도움을 줄 필요가 있다. 다른 아동은 자료를 이용하거나 활동 참여를 유지하는 데 성인이나 또래의 긍정적인 피드백이 계속해서 필요할 수 있으며, 또 다른 아동은 자유선택 시간에 교실을 목적 없이 돌아다니지 않도록 예방하는 차원에서 또래나 성인이 피드백을 계속 제공할 필요가 있다.

시간표

　잘 계획되고 일관되게 실행되는 학급 시간표는 도전적 행동을 예방하는 매우 중요한 요소가 될 수 있다. 시간표와 관련하여 반드시 고려해야 할 중요한 두 가지 사항이 있다. 첫째, 어린 아동의 경우, 적절한 행동을 지원하는 데 일과가 매우 중요한 역할을 한다. 아동이 매일 따를 수 있는 일과 시간표는 반드시 있어야 하며 아동이 그 시간표를 충분히 알고 있어야 한다. 시간표가 매일 또는 매주 바뀌게 되면 아동이 일과를 학습하기가 매우 어렵다. 아동이 무엇을 할지, 언제 할지를 알고 있으면 도전적 행동을 할 가능성이 훨씬 낮아진다. 물론, 일과가 단지 동일성을 의미하거나 다음에 어떤 유형의 활동을 하게 될지에 대한 단순한 예측만을 뜻하지는 않는다.

　둘째, 전이(transition)와 관련된 시간표다. 너무 잦은 전이, 체계가 없는 전이, 너무 긴 전이시간, 사전 예고 없이 일어나는 전이 등이 도전적 행동을 유발할 수 있다. 전이와 관련한 문제점 중의 하나는 기다리는 동안 아동이 아무것도 하는 것 없이 상당히 오랫동안 기다리는 것이다. 아동이 아무것도 할 것이 없으면(즉, 참여하고 있지 않으면) 도전적 행동이 일어날 가능성은 높아진다. 도전적 행동이 일어날 가능성을 감소시킬 수 있는 체계적인 전이를 위한 제안을 하면 다음과 같다.

　• 매일 일어나는 전이의 횟수를 줄인다. 특히 활동 사이에 아동들이 대규모로 움직이는 횟수를 줄인다. 대집단 전이 시에는 아동

이 기다려야 하는 상황이 많이 발생할 수 있다. 그러므로 한 아동이 하나의 활동을 끝내면 새로운 활동으로 옮겨 갈 수 있게 허락함으로써 다른 아동이 활동을 다 끝낼 때까지 기다릴 필요가 없도록 하는 것이 중요하다.

- 가능하다면, 한 사람의 성인은 뒤처진 아동의 전이를 돕고, 다른 성인은 이미 전이준비가 된 아동에게 책을 읽어주거나, 노래를 부르거나, 또는 다른 활동을 할 수 있도록 전이체계를 만드는 것이다.

- 전이가 일어나기 잠시 전에 사전 예고를 한다. 이렇게 함으로써 아동은 자신이 하고 있는 것을 갑자기 치워야 하는 당혹감을 덜 느끼게 되며, 자신이 하던 활동을 훨씬 쉽게 끝낼 수 있다. 사전 예고는 종 울리기, 불 깜박거리기, 정리 노래 부르기, 말로 지시하기  등 다양하게 할 수 있다. 여기서 유의해야 할 점은 각 아동이 지닌 감각적 장애나 서로 다른 학습특성을 고려하여 아동마다 서로 다른 유형의 사전 예고(예: 언어적, 청각적, 시각적)를 제공하는 것이다.

적절한 행동 촉진

교사는 아동이 성인이나 또래와의 상호작용을 통해 올바른 사회적 기술을 자연스럽게 학습하리라는 가정을 자주 한다. 그래서 적절한 사회적 행동을 가르치는 데 초점을 맞추기보다 아동이 잘못된 행동을 하면 그때 무엇인가를 하려는 경향이 있다. 그러나 도전적 행동을 예방하는 것은 적절한 행동을 어느 정도로 가르치느냐에 달려 있다고 말할 수 있다. 이를테면, 아동에게 규칙에 대해 충분히 가르치지 않고서 아동이 그 규칙을 잘 따를 것으로 기대해서는 안 된다. 우리는 유치원 연령대의 아동이 또래와 함께 나누는 것의 중요성을 알고 있을 것이라고 막연하게 가정하기도 한다. 그러나 처음으로 유치원에 입학한 아동 중 다수는 장난감을 또래와 공유하는 경험이 적은 아동이다. 다른 사람과의 나눔을 배우지 않았는데 또래와 장난감을 공유하지 않는다고 벌을 주는 것은 옳지 않다.

그렇다면 아동에게 적절한 행동을 가르치려면 어떻게 해야 하는가? 먼저, 중요한 학급 규칙 몇 가지를 만들어서 모든 아동이 이를 충분히 이해하도록 한다. 아동이 규칙을 잘 이해하도록 하는 한 가지 방법은 규칙을 만들 때 아동의 의견을 반영하는 것이다. 그리고 일단 규칙이 만들어지면, 문자와 사진 및 그림을 이용하여 만든 규칙을 교실에 전시한다. 아동이 규칙을 이해하고 따를 수 있도록 정기적으로 규칙에 대해 토의하고 규칙이 왜 중요한지에 대해 이야기를 나누는 것이 중요하다. 또한 규칙에 따른 결과가 항상 일관되게 적용됨을 아동이 경험하도록 하는 것도 매우 중요하다.

둘째, 성인이 적절한 사회적 행동의 시범을 보여야 한다. 아동이 화가 났을 때 고함을 지르지 않아야 하는 것이 규칙이라면, 성인도 자신의 분노를 적절하게 표현하는 시범을 보여야 한다. 교사는 고함 지르면서 그것을 관찰하는 아동에게는 고함 지르지 말 것을 기대하면 안 된다. 적절한 사회적 행동을 시범 보이는 전략은 철저히 계획되어야 하고, 적절한 기회를 포착하여 행해져야 한다.

셋째, 적절한 사회적 행동을 보이는 또래의 행동에 대해 언급하기(예: "제시야, 사라가 장난감 치우는 것을 도와줘서 고마워."), 적절한 사회적 행동을 역할놀이 하기(예: 만약 다른 아이가 내 것을 빼앗아 가면 어떻게 할 것인지에 대한 역할놀이), 집단활동 시간에 사회적 행동에 대해 이야기 나누기(예: "오늘 영역 시간에 옆의 친구와 사이좋게 물건을 나누어 쓰는 친구를 선생님이 봤는데, 여러분 중에 그러한 친구를 본 사람이 있어요?") 등을 통해 적절한 행동을 가르칠 수 있다. 앞서 언급하였듯이, 아동이 어떤 상황에서 어떻게 반응하여야 할지 방법을 모르기 때문에 도전적인 행동을 하는 경우가 종종 발생한다. 그러므로 아동에게 적절한 사회적 행동을 가르치는 것은 아동이 문제상황에 부딪혔을 때 어떻게 반응할 것인가에 대한 선택권을 제공하는 것이다.

예방방법이 실패하였을 때

우리가 교실에서 실제로 행하고 있는 것들을 평가하는 목적은 도전적 행동 발생을 줄이기 위하여 교실환경과 실제로 가르치는 것을 바꾸어 아동이 자료이용이나 활동에 적극적으로 참여하고 다른 사람과 상호작용하도록 하는 것임을 반드시 기억해야 한다. 물리적 환경의 변화, 시간표의 변화, 활동의 변화, 학급의 사회적 환경 변화 모두가 아동의 참여를 증가시키는 목적에 맞추어 이루어져야 한다.

지금까지 도전적 행동에 성공적으로 대처할 수 있는 핵심적인 방법 네 가지를 설명하였다. 여기에 제시된 전략들에 좀 더 관심을 가지는 것이 도전적 행동을 줄이는 데 도움이 되겠지만, 이 전략들이 모든 문제행동에 적용되기는 충분하지 않음을 밝힌다. 도전적 행동에 대한 우리의 태도를 바꾸기 위해, 도전적 행동이 일어날 가능성을 줄이기 위해, 그리고 도전적 행동의 기능과 배경을 고려하여 좀 더 긍정적으로 대처하기 위해, 교사로서 우리가 무엇을 할 수 있는가에 초점을 맞추어 설명하였다. 그러나 학급에서 이러한 이슈들에 잘 대처했을지라도 여전히 도전적 행동은 일어날 수 있다.

어떤 도전적 행동(예: 깨물기, 친구를 가위로 찌르기)은 정도가 매우 심하고 예방수단에도 불구하고 지속되기 때문에, 좀 더 직접적이고 강한 접근법이 필요할 수 있다. 그렇다면 예방적인 노력이 정말 더 이상 효과적이지 않다는 것을 어떻게 알 수 있을까? 외부의 도움이 필요함을 어떻게 결정할 수 있을까? 이 질문들에 대한 답은 쉽지 않으나, 여기서 제안한 전략들보다 좀 더 강하고 정교한 전략을 실시하기 이전에 아동과 관련된 팀 구성원들이 충분한 시간을 가지고 〈표 1〉에 제시된 점검표의 질문을 하나하나 점검해 나갈 것을 권한다.

결 론

우리 동료 중 한 사람은 "고객이 없으면, 서비스를 제공하고 싶어도 하지 못한다."라고 종종 말한다. 이는 당연한 말이고, 매우 평범한 말이다. 그런데 도전적 행동을 보이는 아동에게 적용하면, 가장 기본적인 문제를 요약하는 문장이 된다. 도전적 행동을 보이는 아동에게 많이 적용되는 방법 중 하나가 아동을 현재 환경에서 격리하는 것이다. 이는 결코 바람직하지 않은 방법이다. 저자들이 진정으로 희망하는 것은 도전적 행동에 대한 우리의 반응이 좀 더 성숙되고 수용적으로 되는 것이며, 이 논문이 이러한 사항에 다소나마 기여하기를 바란다는 것이다.

현재 상황의 돌파구로서 아동을 환경에서 격리시키는 것은 절대로 해결책이 되지 못한다.

〈표 1〉 중재를 실시하기 이전의 질의·응답

질문 점검표

질문 1 아동의 삶에 영향을 미친 과거 경험이나 현재 사건에 대해 우리가 충분히 이해하고 있는가?

➔ 이 질문은 전체적인 상황(big picture)에 관한 것인데, 아동이 학급에서 보이는 도전적 행동의 일부가 교실환경 밖의 무언가에 의한 영향 때문은 아닌지 점검하는 것을 결코 소홀히 해서는 안 된다는 의미다. 도전적 행동을 야기하고 고조시키는 데 영향을 미치는 사건의 예는 (1) 학대와 폭력의 피해자이거나 목격자, (2) 주 양육자와의 오랜 기간의 분리, (3) 영양 결핍 및 빈약한 건강관리, (4) 예측 불가능하고 가혹한 훈육 등이다.

질문 2 우리가 정한 목표가 발달에 적합하고 기능적이며 아동의 삶의 질을 향상시키는 데 연관이 있음을 확신하는가?

➔ 이 질문은 팀의 모든 구성원으로 하여금 자신이 개별적으로 생각하는 도전적 행동의 정의를 점검할 것을 요구한다. 경우에 따라서 도전적 행동을 고치는 것이 과연 이 질문을 충족하는지에 대해 모든 구성원이 동의해야 할 것이다. 예를 들면, 4세 아동이 차도로 뛰어드는 도전적인 행동을 보인다면, 인도에 머무르도록 하는 목표가 그 아동에게 적절하고 기능적이며 삶의 질을

향상시키는 것이라는 데 어느 누구도 반대하지 않을 것이다. 그
런데 대집단활동에 참여한 지 20분이 경과한 후 자리를 이탈하
는 것을 도전적 행동으로 본다면, 이에 대해 팀 구성원 간 동의
는 잘 이루어지지 않을 것이다. 우리가 제안하는 것은 이 질문
에 팀 구성원이 만장일치로 확실하게 답할 수 없으면 강도가 더
높은 중재로 진행하지 않아야 한다는 것이다.

질문 3 도전적 행동을 예방하기 위해 환경의 모든 필수요소들(예: 환경 보
강[enriched setting] 발달과 개별적 요구에 적절한 자료, 적절한
행동/활동 선택권, 명확한 활동 시간표, 전이의 어려움을 최소화하
는 전략)을 모두 이용하여 노력하였는가?

→ 질문 3의 목적은 도전적 행동에 대처하기 위해 단순히 열심히
가 아니라 좀 더 지혜롭게 노력하였는지를 확인하는 것이다. 이
논문에서 추천한 예방적 중재는 시간이나 비용 측면에서 매우
효율적이다. 따라서 더 많은 노력이 필요하고 재원이 더 많이
요구되는 다른 중재방법을 시도하기 전에 여기서 제시한 전략
들을 먼저 시도하는 것은 충분한 가치가 있다고 믿는다.

질문 4 계획된 중재의 목표에 대해 아동의 주 양육자도 중요하게 여기고
있으며, 그 목표를 위한 구체적인 전략 사용에 대해 양육자가 지지
하는가?

→ 도전적 행동에 대한 행동지원 체계를 만들 때 학교환경과 가정
환경에서 사용하는 전략들이 조화를 잘 이루도록 하는 것이 가
장 유익하다. 동시에 가치관과 실제로 행하는 것이 서로 일치하
도록 하는 것이 절대적으로 필요하다. 이 질문은 팀으로 하여금
계획된 중재에 대하여 주 양육자로부터 최소한 언어적 지지라
도 받을 것을 요구한다.

참고문헌 🔆

McWilliam, R. A. (1991). Targeting teaching at children's use of time: Perspectives on preschoolers engagement. *Teaching Exceptional Chilren, 23*(4), 42-43.

관련 출판물 목록 🖱

다음의 논문 및 단행본들은 본 논문에서 추천한 실제 방법을 더욱 구체적으로 설명한 것들이다.

Betz, C. (1994). Beyond time-out: Tips from a teacher. *Young Children, 49*(3), 10-15.

Carr, E. G., & Durand, V. M. (1985). Reducing problem behaviors through functional communication training. *Journal of Applied Behavior Analysis, 18*, 111-126.

Greenberg, P. (1987). Ideas that work with young children. Good discipline is, in large part, the result of a fantastic curriculum. *Young Children, 42*(3), 49-50.

Greenspan, S. I. (1995). *The challenging child.* New York: Addison-Wesley.

Honig, A. A. (1996). *Behavior guidance for infants and toddlers.* Little Rock, AR: Southern Early Childhood Association.

McCloskey, C. M. (1996). Taking positive steps toward classroom management in preschool: Loosening up without letting it fall apart. *Young Children, 51*(3), 14-16.

Nunnelly, J. C. (1996). *Behavior guidance of three-and four-year-oldchildren.* Little Rock, AR: Southern Early Childhood Association.

Reid, J. (1993). Prevention of conduct disorder before and after school entry: Relating intervention to developmental findings. *Development and Psychopathology, 5*, 243-262.

Rhode, G., Jenson, W. R., & Reavis, H. K. (1992). *The tough kid book: Practical classroom management strategies.* Longmont, CO: Sopris West.

Saifer, S. (1990). *Practical solutions to practically every problem: The early childhood teacher's manual.* St. Paul, MN: Redleaf Press.

Stone, J. G. (1983). *A guide to discipline* (Rev. ed.). Washington, DC: National Association for the Education of Young Children.

Walker, H. M., Colvin, G., & Ramsey, E. (1995). *Antisocial behavior in school: Strategies and best practices.* Pacific Grove, CA: Brooks/ Cole.

가정에서의 도전적 행동대처
가족과 협력하여 해결책 찾기

Gusty-Lee Boulware, M.Ed., Ilene Schwartz, Ph.D.,
Bonnie McBride, M.S., University of Washington,
Experimental Education Unit

장애아동을 기른다는 것은 쉽지 않은 일이다. 자녀에게 주어진 진단명이 무슨 의미인지 파악하려고 애쓰는 동시에 부모 자신의 감정과 가족의 반응에 대처해야 하며, 산더미 같은 정보 속을 찾아 다녀야 하고(예: 자폐증이나 다운증후군에 관한 인터넷 사이트를 찾으면 무수한 정보를 접하게 됨), 자녀가 어떤 유형의 프로그램을 받아야 하는지 결정해야 한다. 또한 자녀가 점점 자라면서 부모로서의 기쁨과 시련을 함께 경험하게 된다. 일상 속에서 새로운 성공과 도전을 맛본다. 모든 아동에게 일어나는 일도 있고, 장애아동이기 때문에 특별히 발생하는 일도 있다. 자녀가 저녁식사 시간에 식탁에 앉기를 거부할 경우, 이 행동이 전형적인 3세 아동의 행동인지 아니면 장애에서 비롯된 행동인지 파악하고자 노력하게 되며, 이러한 행동에 어떻게 반응해야 하는지 고민하게 된다.

자폐증이나 다른 심한 장애를 지닌 어린 자녀를 사랑과 헌신으로 보살피는 가족을 통해 우리는 감동과 용기를 경험하게 된다. 이 어린 장애아동들은 여러 영역(의사소통, 사회적 상호작용, 놀이기술, 자기 관리 기술 및 행동)에서 어려움을 겪는다(Heward, 2000). 많은 부모들에게는 어린 자녀가 보이는 도전적 행동이 부모가 직면하는 여러 문제 중에서 가장 어려운 것 중 하나다. 또한 행동문제는 표면적인 현상만으로도 명백하게 확인할 수 있는 것 중의 하나이기도 하다. 즉, 어린 아동이 상호작용을 하지 않는다고 해서 유아프로그램에서 쫓겨나는 경우는 없지만, 도전적 행동을 할 때는 상황이 완전히 다르다. 이 논문의 목적은 우리가 가정과 지역사회에서 도전적 행동에 대해 가족과 함께 긍정적인 행동지원 원칙을 어떻게 사용하였는지를 설명하는 것이며, 또한 성공스토리를 공유하는 것이다. 본 논문에서는 학습을 방해하는 행동, 위험한 행동, 또는 가족이 문제라고 여기는 행동을 도전적 행동이라고 정의한다.

긍정적 행동지원이란 무엇인가

긍정적 행동지원(positive behavior support)이란 예방(prevention), 환경 수정(environmental modification), 그리고 적절한 대안적 행동교수(instruction of appropriate alternative behaviors) 등에 초점을 맞추어 도전적 행동에 대처하는 접근을 일컫는다. Koegel, Koegel, Dunlap(1996)에 따르면, "긍정적 행동지원은 장애를 지녔거나 심각한 문제행동을 보이는 사람을 돕기 위해 개발된 것으로서 바람직하지 않은 양식의 행동을 바꾸는 데 효과적인 방법이며, 인간의 존엄성을 존중하며, 개인의 생활양식의 질을 높이는 데 효과적이다.”(p. xiii) 행동관리(behavior management)의 전통적 접근과는 달리, 긍정적인 행동지원은 도전적 행동이 의사소통 기능을 가지고 있다고 가정한다. 긍정적 행동지원의 목적은 도전적 행동이 아동에게 어떤 기능(예: 관심, 회피)을 갖는지 이해하고자 하며 똑같은 목적을 성취할 수 있는 좀 더 적절한 행동을 가르치는 데 있다(Carr, 1988).

가족과 함께 긍정적 행동지원 사용하기

우리가 긍정적 행동지원을 사용하는 것은 중증장애를 지닌 유아들(toddlers and preschoolers)을 통합환경에서 오랫동안 가르친 경험과 연구에 기초하고 있다(자폐증아동을 위한 최근 프로젝트에 대한 설명은 이 책 70쪽에 있음). 가족들이 제기하는 가장 우선순위의 주제는 아동이 보이는 도전적 행동, 즉 가족생활을 방해하는 행동에 어떻게 대처하느냐 하는 것이다. 우리가 지금까지 도전적 행동에 관해 가족과 함께 일해 온 접근법은 긍정적 행동지원 영역의 연구 및 실제로부터 영향을 많이 받았다(Fox, Dunlap, & Philbrick, 1997; Horner et al., 1990). 긍정적 행동지원은 문제행동을 제거하는 데 대부분의 중재 시간과 관심을 모으기보다는 예방에 초점을 맞추는 것이다. 즉, 도전적 행동의 목적을 파악하고, 아동이 보이는 강점과 선호를 인정하고 이를 바탕으로 중재를 하며, 적절한 행동을 강화하고, 기능적으로 동등한 대체행동(replacement behavior)을 가르치는 것이다(Carr, 1988).

이 접근을 사용하게 되면 부모는 처음에 상당히 당황하게 된다. 부모는 지금껏 할 수 있는 것들은 모두 다하였으나 결과가 여전히 만족스럽지 못하다고 말한다. 그리고 전문가가 시키는 대로 다 하겠다고 말한다. 그런데 우리가 부모의 기대와 달리, 자녀의 강점과 선호에 대해 물어보면서 대화를 시작하면 부모는 상당히 당혹스러워한다. 왜냐하면 부모의 주 관심사는 도전적 행동인데, 왜 자녀의 강점과 선호에 대해 묻는지 의아한 것이다. 게다가 문제행동을 예방하기 위해 환경을 바꾸고 부모의 행동을 바꾸는 것에 대해 이야기하면 부모는 더욱 당황한다. 그러나 일단 이 접근의 효과를 경험하게 되면, 부모는 빠른 시간 안에 이 접근의 열성 팬이 된다. 부모는 능숙하게 기존의 일과를 자녀의 중재계획에 맞추어 자녀가 좀 더 쉽게 성공하도록 돕는다. 또한 다른 가족구성원과 자녀를 돌보는 사람들도 수정하도록 알려주어 자녀가 여러 환경에서 성공할 수 있게 한다.

우리는 부모가 긍정적 행동지원 전략을 사용하도록 다음과 같은 5단계로 프로그램을 구성하였다(〈표 1〉 참조). 즉, ① 문제 확인, ② 브레인스토밍, ③ 계획 세우기, ④ 계획 실시, ⑤ 결과 평가 단계이다. 가정과 지역사회에서 일어나는 도전적 행동에 대처하는 전략으로서 우리는 지금까지 가족과 함께 이 접근을 사용해 왔으며, 부모교육 미팅과 가정방문 두 가지 방법을 이용하여 부모에게 이 과정을 가르쳐 왔다.

문제 확인

긍정적 행동지원 과정의 첫 단계는 문제행동을 확인하기 위해 가족과 협력하는 것이다. 우선순위의 행동이 명확한 경우가 있는데,

〈표 1〉

긍정적 행동지원을 가족과 함께 실시하기

1. 문제 확인–가족과 전문가는 어떤 행동에 초점을 맞출 것인지 동의해야 하고, 여러 환경에 걸쳐 표적행동을 확실하게 확인할 수 있어야 한다.
2. 브레인스토밍–가족과 전문가는 표적행동이 아동에게 어떤 기능을 지니는지 이해하도록 노력한다.
3. 계획 세우기–아동이 다른 방법으로 도전적 행동의 기능을 성취할 수 있는지를 생각해 낸다.
4. 계획 실시–팀이 결정한 계획을 여러 환경에 걸쳐 일관되고 정확하게 실시한다.
5. 결과 평가–계획이 성공하였는가? 모든 관계자(예: 가족, 전문가)가 만족하는가? 다음 단계는 무엇인가?

예를 들면, 아동이 부모나 형제에게 공격적인 것이다. 그런데 많은 경우, 제일 문제가 되는 것이 무엇인지를 정확하게 집어내는 것이 부모로서는 쉽지 않다. 이 글의 뒷부분에 수록된 첫 번째 사례연구를 보면, 처음에 에릭의 부모는 자신들로 하여금 외출을 꺼리게 만들고 에릭이 싫어하는 것은 어떤 것이든 하지 않게 만드는 행동이 무엇인지 명확하게 이름을 붙이는 데 어려움을 겪었다. 에릭의 부모는 처음에는 하루에 여러 시간대에 걸쳐 일어나는 에릭의 행동이 서로 연관 있음을 전혀 몰랐으나, 전문가의 도움을 받으면서 모든 도전적 행동의 공통 요소가 활동의 변화 혹은 다른 유형의 전이임을 파악하게 되었다. 이 행동이 으뜸 관심사로 확인되자 긍정적 행동지원의 나머지 구조가 제자리를 잡아 갔다.

브레인스토밍

이 단계에서는 가정에서의 행동이 어떠한지에 대하여 파악하고, 행동의 기능에 대한 가설을 세우며, 가족이 수용할 수 있으면서 가정과 지역사회에서 유지할 수 있는 중재 관련 아이디어들을 계발한다. 이 과정의 첫 부분은 가족에게 아동의 행동에 관한 일련의 질문들을 던지는 것인데, 이는 O'Neill과 그의 동료들(1997)이 개발한 기능적 평가면담을 수정한 질문들이다. 우리가 던지는 질문은 가족 및 행동에 따라 약간 다르지만, 대체로 다음과 같은 질문들을 포함한다.

- 행동이 어떠한가? (행동의 구체적인 묘사[topography]: 빈도; 지속 시간; 강도)
- 언제 행동이 일어나는가?
- 행동이 일어나지 않는 때는 언제인가?
- 행동이 일어나기 전과 후에 무슨 일이 일어나는가?
- 아동이 어떻게 의사소통을 하는가?
- 행동이 일어날 것이라고 예상할 수 있는 무언가가 있는가?

이러한 질문에 대한 응답이 브레인스토밍의 나머지 과정을 이끌어간다. 이 질문에서 얻은 정보를 바탕으로 도전적 행동의 기능(예: 관심, 회피 혹은 감각적인 경험)에 대한 예비 가설을 세울 수 있다.

계획 세우기

이 단계에서는 가족과 함께 가능한 중재방안들을 만들어 낸다. 브레인스토밍 과정에서 나온 아이디어들을 평가하여 어떤 것을 실시할지 결정한다. 중재의 초점은 예방에 두려고 애쓰며 아동이 추후에 같은 상황에 처했을 때 성공할 수 있도록 어떻게 도울 수 있는지를 강조한다. 예를 들면, 타이론의 사례(이 글의 뒷부분에 있음)에서, 타이론이 화장품을 일렬로 세우는 행동에 대한 가설(어쩌면 감각적 자극을 얻기 위해)을 세우고 나니 적절한 대안행동(alternative behavior)을 찾아서 중재를 실시하는 것은 가족에게 상대적으로 쉬운 절차였다.

중재계획을 세울 때 부모가 이 중재방법을 수용할 수 있고 유지할 수 있는지를 가장 먼저 확인해야 한다. 부모가 일관성 있게 중재를 실시하기가 불가능하다면 그러한 중재를 계획할 수는 없다. 중재의 수용 가능성과 유지 가능성에 관련된 문제는 중재의 사회적 타당도(social validity)를 의미한다(Schwartz & Baer, 1991). 중재의 사회적 타당도는 중재가 얼마나 자주, 그리고 얼마나 정확하게 실시되느냐와 관련이 있고, 중재의 충실성은 중재의 효과와도 관련이 있다(LeLaurin & Wolery, 1992).

이 과정에서 반드시 해야 할 중요한 부분은 긍정적 행동지원을 설명하고 그 배경 철학에 관해 정보를 제공하는 것이다. 학교에서 아동에게 성공적으로 적용한 해결책과 유사한 행동을 보이는 다른 아동에게 적용한 해결책에 관해 이야기를 나눈다. 가족이 자신들의 가정에서 현재 진행되는 가족 활동, 생활습관, 일과 안에서 조화를 이

룰 수 있는 가능한 중재방법에 대해 생각하도록 촉진한다. 또한 제안된 중재가 부모의 시간, 에너지, 가족 생활의 다른 요구 해결 등과 맞물려 충분히 수용 가능한지를 부모가 충분히 고려하게 한다. 그렇게 함으로써 가족의 삶과 조화를 이루는 중재를 선정하고 계발할 수 있게 된다.

중재를 실시함에 있어서 아주 구체적인 내용(예: 어떤 자료가 필요한가? 자녀에게 정확하게 어떤 말을 사용하는가?)까지 부모가 이해하도록 돕는다. 또한 중재에 대하여 아동이 보일 수 있는 다양한 반응에 따른 서로 다른 시나리오를 만들어 역할놀이를 한다. 부모가 성공할 수 있도록 준비하는 것도 중요하지만, 중재를 처음 시도하였을 때 성공하지 않을 경우에 대비하여 계획을 세워 두는 것도 중요하다.

계획 실시

이 부분은 프로젝트 담당자의 도움을 받아 가족이 직접 중재를 실시하는 단계다. 가족이 제공받고자 하는 지원의 양은 가족이 정한다. 어떤 경우, 가족이 중재를 실시하는 것을 담당자가 관찰하여 피드백을 제공한다. 만약 가족이 원한다면, 가족이 중재를 실시하는 것을 촬영하여 그 내용을 부모와 함께 보면서 이야기 나눈다. 그 외에는 전화로만 가족과 접촉한다. 이 단계에서는 가족과 자주 접촉하는 것이 중요하다. 중재를 처음 시작할 때는 매일 접촉하다가 부모가 중재 실시에 대해 점점 자신감을 얻으면 지원을 줄여 간다.

결과 평가

우리가 가족과 개발한 긍정적 행동지원 계획에 대한 결과를 평가하는 데에는 두 단계가 있다. 평가의 첫 단계에서는 실시한 전략의 효과에 대하여 다음과 같이 묻는다. 즉, 효과가 있었는가? 중재 이전보다 도전적 행동이 감소하였는가? 가르친 대안행동을 아동이 사용하는가? 중재 실시 이후 아동이 좀 더 독립적이 되었는가? 아동 양육의 어려움이 줄었는가? 이를테면, 아동이 무엇인가를 원할 때 고함지르는 것이 표적행동이었고 아동이 요청하기 위해 그림기호를 사용하는 것이 중재였다면, 우리가 부모로부터 얻고자 하는 정보는 고함지르는 양이 줄었는지(혹은 이상적으로 완전히 사라졌는지), 그림기호를 아동이 사용하는지, 아동의 새로운 행동이 일상적인 가족 상호작용에 영향을 미쳤는지 등이 해당된다. 이 질문들에 대한 응답이 한 가지라도 부정적이라면, 우리는 가족과 함께 다시 브레인스토밍 단계로 되돌아간다. 극단적으로 도전적 행동을 보이는 아동의 경우

적절하고 효과적인 전략을 찾을 때까지 이러한 과정을 여러 번 반복하게 된다. 첫 번째 평가 질문에 대한 부모의 응답이 모두 긍정적이라면, 평가의 두 번째 단계로 옮겨 간다.

두 번째 단계에서는 부모가 만족할 만큼 문제가 해결되었는지를 확인하는 것이다. 우리가 행동을 충분히 변화시켰는지를 확정하기 위해서는 먼저 왜 행동을 바꾸고자 하는지를 알 필요가 있다는

Baer(1988)의 충고를 상기해 보자. 가족구성원이 문제를 확인하였기 때문에 우리가 그 문제해결에 도움을 주었는지도 그들만이 알 수 있다. 우리는 이 단계를 우리가 성취한 것을 평가하기 위해 이용하기도 하지만, 가족이 다음 단계의 목표를 세우는 데도 도움을 제공하고자 이 단계를 이용한다. 부모가 현재 아동의 행동 수준에 만족한다면, 또 다른 문제행동으로 옮겨가든지, 아니면 도전적 행동 이외의 이슈에 초점을 맞추든지 한다. 그런데, 부모가 중재의 결과로 나타난 아동의 행동 변화의 양이나 중재 관련 교수법에 만족스러워 하지 않는다면, 브레인스토밍 단계로 되돌아가서 표적행동을 더 많이 줄이거나 중재에 필요한 노력의 양을 줄이는 방안에 대한 계획을 다시 세운다. 이 단계에서는 특히 부모에게 이 과정이 쉽지 않은 과정임을 상기시킨다. 어떤 행동이라도 바꾼다는 것은 매우 어려운 과제이며, 특히 도전적 행동을 줄인다는 것은 더욱 그러하다. 이는 아무리 유능한 교사, 부모, 치료사라도 마찬가지다.

가정에서의 긍정적 행동지원

에릭의 사례: 가정에서 시각적 지원전략 사용하기

에릭의 가정을 처음 방문하였을 때, 부모는 32개월의 전반적 발달장애를 지닌 아들 에릭이 마당에서 놀고 있을 때 집 안으로 들어오게 하는 것이 너무나 힘들다고 토로하였고, 이는 다른 두 형제에 비해 훨씬 더 심하다고 하였다. 보통의 경우 에릭이 스스로 집 안으로 들어올 때까지 부모 중 한 사람이나 형제 중 한 명이 밖에서 에릭과 함께 있게 되는데, 에릭에게 집 안에 들어갈 시간이라고 말하더라도 에릭은 보통 무시하고 자신이 하던 놀이를 계속하였다. 부모는 에릭에게 다음에 무엇을 해야 하는지를 간단한 말로 설명(예: "컴퓨터 할 시간이야." "밥 먹을 시간이야.")하려고 애썼다. 다른 두 자녀들이 에릭의 나이였을 때는 이러한 언어적 지시가 효과적이었는데, 에릭에게는 전혀 효과가 없었다. 에릭이 장난감을 치우도록 부모가 도우려 하면, 에릭은 대개 울기 시작하고 장난감을 움켜쥐며 다른 가족을 때리기까지 하였다. 부모 중 한 사람만 집에 있을 경우에는 에릭을 억지로 안고 들어오게 되는데, 이때 에릭은 울며 발로 차고 고함을 지르곤 하였다. 부모는 에릭의 이러한 행동을 보는 것이 너무 속상하고, 가족 모두를 힘들게 한다고 표현하였다. 어떤 때는 이웃이 에릭의 행동을 보는 것이 창피하기까지 하다고 고백하였다. 그러나 일단 에릭이 집에 들어오면 에릭을 진정시키는 방법을 부모는 잘 알고 있었는데, 에릭이 좋아하는 실내활동(예: 저녁식사, 컴퓨터 시간, 미술활동, 비디오 시청)을 제공하면 에릭은 금방 진정이 되었다.

면담이 진행되면서, 부모는 에릭이 목욕할 때나 아침에 옷을 갈아입을 때, 또는 외출하기 위해서 차를 탈 때도 유사한 행동을 보인다고 설명하였다. 부모와 전문가는 다음과 같은 결론을 내렸다. 에릭이 도전적 행동을 보이는 각 상황에는 유사성이 있는데, 이는 바로 에릭이 무엇인가 하던 것을 멈추어야만 하고 새로운 사건 또는 활동으로 전이하는 상황이라는 것이다. 그다음에, 부모와 전문가는 에릭이 이러한 특정 상황에서 왜 그렇게 행동하는지와 그 행동을 어떻게 하면 줄일 수 있는지에 관한 아이디어들을 브레인스토밍하였다. 그들은 현재 부모가 전달하는 간단한 말들을 에릭이 이해하지 못한다고 결론 내렸다. 즉, 에릭의 행동은 순응의 문제라기보다는 수용언어의 문제일 가능성이 높다는 것이다. 에릭은 자신이 좋아하는 것을 왜 끝내야 하는지, 그다음에 무엇을 하는 것인지 전혀 이해하지 못하기 때문에 자신의 놀이가 중단되는 것을 원하지 않는다는 것을 울음이나 고함, 때리기, 발로 차기 등으로 표현한 것이다.

부모와 전문가는 이제부터 활동을 바꾸어야 할 때에는 부모가 에릭에게 다음에 무엇을 할 것인지를 사진으로 보여 주도록 하였다. 저녁식사 시간을 알리기 위해 에릭이 가장 좋아하는 접시와 숟가락 사진을, 실내활동 시간에는 컴퓨터와 미술자료 사진을, 목욕 시간에는 욕조 사진을, 차를 타고 어디에 가야 할 때는 차 사진을 찍어 이용하였다. 에릭에 대한 중재는 성공적이었으며, 에릭의 부모는 그 결과에 크게 만족하였다. 에릭에게 사진을 보여 주면 에릭은 자신이 하던 놀이를 멈추었으며, 가끔은 부모보다 먼저 집 안으로 달려 들어가 사진이 나타내는 지정된 영역에 앉아 있곤 하였다. 부모는 에릭의 행동이 향상된 것을 매우 기뻐하였으며, 시각적 정보를 해석하는 능력이 에릭의 강점임을 알고서 매우 자랑스러워하였다.

타이론의 사례: 도전적 행동을 좀 더 받아들일 수 있는 행동으로 대체하기

가정방문을 할 때마다 보통 가족에게 처음 하는 질문이 "새로운 것이 있습니까?"이다. 이를 통해 아동에게 일어난 새로운 것 또는 신나는 것을 함께 공유하며, 어떤 경우에는 지난번 방문 이후 발생한 도전적 상황에 대해 이야기를 나누게 된다. 자폐증을 지닌 5세 타이론의 어머니에게 이 질문을 던지자, 그녀는 아들에게 새로운 선호 활동이 생겼는데, 그것은 거실에 세면용품과 양말을 일렬로 세우는 행동이 시작되었다는 것이었다. 타이론이 새롭게 시작한 이 행동은 어머니에게 큰 골치거리였으므로 아들의 행동을 멈추려고 여러 가지 방법을 시도하였다. 어머니는 목욕탕 문을 잠그기도 하였으나, 다른 가족들이 문 잠그는 것을 깜박 잊어서 타이론이 들어가는 경우가 많았다. 마찬가지로 침실 문을 잠그기도 하였으나, 비슷한 상황이 벌어졌다. 세면용품을 타이론이 손댈 수 없는 높은 곳에 올려 놓아 보았지만, 타이론은 그것을 갖기 위해 위험한 행동을 하였다. 타이론이 용품들을 일렬로 나열하고 있을 때나 나열하고 난 직후에 물건들을 빼앗아 제자리로 치우기도 하였다. 하지만 이 방법도 성공적이지 못했는데, 타이론은 물건들을 움켜쥐며 울었다. 그러면 어머니도 흥분하여 고함을 지르는 일이 발생하였다.

어머니는 자신이 어떻게 해야 할지 속수무책이며, 우리가 과연 어떤 조언을 줄 수 있는지 물었다. 우리는 타이론이 세면용품과 양말을 일렬로 나열하는 행동을 감소시키는 전략에 대해 함께 브레인스토밍을 하였다. 타이론이 세면용품이나 양말을 갖고서 일단 나열을 하고 난 다음에는 그것들을 갖고 노는 시간은 그리 많지 않았고,

어머니는 타이론이 물건을 나열하는 자체에 대해서는 상관하지 않았다. 어머니는 오히려 나열하는 것이 타이론이 자신의 주변을 정돈하는 데 도움이 된다고 믿었다. 단지 어머니가 신경 쓰는 것은 타이론이 나열하는 물건의 종류이지, 타이론이 나열을 하는 장소도 크게 문제가 안 된다고 밝혔다. 어머니는 거실은 모든 가족의 공간이므로 타이론이 거실에서 나열하는 것도 상관없다고 하였다. 다시 말해서, 문제가 되는 것은 타이론이 어떤 물건으로 나열하느냐 하는 것이었다.

타이론이 자신의 연령에 맞는 장난감으로 나열하도록 가르친다면 어머니도 수용 가능한 것으로 판단하였다. 타이론의 방에서 장난감을 살펴본 뒤, 어머니는 중재에 이용할 장난감으로 블록과 차를 선택하였다. 다음 단계는 타이론이 세면용품과 양말을 거실에서 나열하면 그 정확한 위치에 블록과 차를 나열하도록 지도하는 일이었다. 어머니는 계속 칭찬하며, 타이론이 블록과 차를 나열하도록 도왔다. 타이론은 어머니의 사회적 칭찬을 즐겼다. 그리고 어머니가 노래 불러 주는 것을 타이론이 좋아하였으므로 블록과 차로 나열하는 것을 옆에서 도와주며 노래도 자주 불러 주었다. 처음에는 타이론이 예전에 하던 놀이를 더 이상 못하도록 노력을 기울이는 시간만큼, 현재의 새로운 놀이를 가르치는 데 똑같은 시간이 걸렸다. 하지만 시간은 똑같이 걸렸지만, 훨씬 더 편안하게 할 수 있었고 타이론이 고함 지르고 우는 행동도 없어졌다. 3일간 가르치고 나니 타이론은 더 이상 세면용품과 양말로 나열하지 않았고 거실에 블록과 자동차로 나열하게 되었다.

다음 가정방문으로 들렀을 때, 어머니는 타이론이 여전히 거실에서 블록과 자동차로 나열하고 있다고 하였다. 그러나 가끔 형이 블록으로 놀이하는 것(예: 블록으로 차도를 만들어 자동차 운전하기)을 모방하여 타이론도 그렇게 한다고 이야기하였다. 어머니는 자신이 실시한 중재가 성공하였다고 믿었다. 또한 도전적 행동을 좀 더 수용되는 행동으로 대체하는 것이 매우 유익한 전략임을 알게 되었다고 말하였다.

알렉스의 사례: 적절한 행동강화

부모교육 모임 중에 알렉스의 부모는 식사 시간이 자신들에게 정말 힘든 시간이라고 털어 놓았다. 저녁식사 시간은 매우 중요한 가족 일과 중의 하나이므로 4세의 자폐증을 지닌 아들 알렉스를 어떻게 하면 식탁으로 오게 만들 수 있는지 아이디어를 요청하였다. 알렉스의 평소 행동은 식사 도중에 식탁에서 내려와 도망을 다니는 것이었다. 다른 부모들과 함께 집단으로 브레인스토밍을 하였는데, 왜 이러한 행동을 하는지에 대한 아이디어를 모았다. 토론을 거친 뒤, 알렉스의 부모는 알렉스로서는 식탁에 앉아 있는 것이 부모가 자신을 뒤쫓는 것만큼 재미 없기 때문임을 확인하였다.

일단 행동의 기능이 파악되자, 브레인스토밍의 초점은 가능한 중재전략으로 옮겨 갔다. 집단의 다른 부모는 자신도 매우 유사한 상황을 경험하였는데, 자신은 다음과 같이 행동해서 성공하였음을 밝혔다. 그 어머니의 경우, 자폐증을 지닌 자신의 딸이 식탁에 촛불을 켜 두는 것을 매우 좋아한다는 것을 알았다고 한다. 그래서 식사를 하자고 불렀을 때 딸이 식탁으로 오면 촛불을 켜 준다는 것을 가르

DATA 프로젝트

DATA 프로젝트(자폐증 아동을 위한 발달에 적합한 치료, Developmentally Appropriate Treatment for Autism)는 연방정부의 재정적 지원을 받는 시범 프로젝트다. 이 모델은 자폐증을 지닌 유아와 가족에게 더욱 긍정적인 결과를 가져올 수 있는 5가지 구성요소로 이루어진다.

1. 질적으로 우수한 통합 유아프로그램

   이 프로그램의 가장 중요한 구성요소는 질적으로 우수한 통합 유아프로그램에 아동을 참여시키는 것이다(Schwartz, Billingsley, & McBride, 1998). 이 프로그램에서는 비장애 또래와의 성공적인 상호작용을 촉진하는 학급활동을 제공하고, 아동이 환경과 적극적으로 상호작용하게 하며, 교수 및 교육과정에 발달적-행동적 접근을 이용한다(Allen & Schwartz, 1996).

2. 교수 시간 연장

   프로그램의 아동은 유치원에서 한 주에 약 20시간 수업을 받는데, 그중 11시간은 학급에서, 나머지 9시간은 방과후 프로그램에서 받는다. 가족과 유치원 교사가 필요하다고 인식하는 영역에 대해 매우 개별적인 교수를 제공하는 것에 초점을 맞춘다.

3. 가족을 위한 기술적 · 사회적 지원

   이 프로젝트에는 가족 서비스 조정자(Family Services Coordinator: FSC)가 있어서 각 가족과 개별적으로 접촉하여 그들이 지닌 요구와 우선순위를 평가한다.

4. 서비스 간의 협력과 조정

   가족 서비스 조정자는 학급, 방과후 프로그램, 가족, 그리고 가족이 별도로 받는 서비스(예: 보육, 개인 언어치료사) 간의 연락책 역할을 한다. 이러한 협력은 가족에게 최적의 결과를 가져오기 위해 반드시 필요하며, 가족이 느끼는 스트레스를 줄여 준다(예: Donegan, Ostrosky, & Fowler, 1996; Dunlap, Koegel, & Koegel, 1984).

5. 전이 지원

   가족 서비스 조정자는 가족 및 학교와 협력하여 아동이 진학할 적절한 프로그램을 찾고, 아동이 진학할 학교의 교직원이 전이 준비에 필요한 지원을 확실하게 받을 수 있도록 한다.

쳤다. 이 전략은 성공적이었고, 모든 가족은 식사 분위기를 즐겼다고 하였다. 알렉스의 부모도 이 전략은 자신들이 시도할 만하다고 결정하였다. 또한 알렉스가 식사 도중 의자에서 내려가면 촛불을 즉시 끄고, 촛불을 켜지 않은 채 식사를 마치도록 하였다. 다음 부모교육 모임에서 알렉스의 부모는 이 전략이 효과가 있었으며, 어떤 때는 알렉스가 촛불이 꺼진 상태에서도 식탁에 앉아 있다고 하였다. 또한 지금은 3일마다 한 번씩 식탁에 촛불을 켜 둔 채 식사를 할 정도로 향상되었다고 하였다.

결 론

지금까지 부모가 가정에서 긍정적 행동지원을 사용하도록 우리가 도움을 제공한 과정을 설명하였고, 성공한 사례들을 소개하였다. 이 전략이 자폐증을 포함하여 많은 유형의 장애를 지닌 아동에게 성공적으로 적용되었음을 증명하였다. 여기서 언급한 전략들은 단순히 요리방법만을 나열한 요리책과 같은 의미는 아니다. 예컨대, 전이에 문제를 보이는 모든 아동에게 어떻게 하라고 알려 주는 것이 아니라, 가정이나 지역사회에서 일어나는 자녀의 도전적 행동을 부모가 해결할 수 있도록 도움을 제공하는 체계를 제공하고 있다. 자폐증을 포함하여 장애가 있는 유아를 위한 우리 프로그램의 핵심적인 부분은 긍정적 행동지원 전략이다. 부모가 이 과정을 사용할 수 있게 함으로써 부모가 자녀의 행동을 다른 방법으로 볼 수 있도록 한다. 부모는 매우 도전적인 행동마저도 좀 더 객관적으로 볼 수 있게 된다.

즉, 이러한 인식 변화가 성공적인 중재를 낳고, 더욱 긍정적인 상호
작용을 만든다. 성공적인 계획 과정은 또한 부모의 자신감을 향상시
켜 독립적으로 도전적 행동을 다룰 수 있는 능력을 증가시키는 듯하
다. 그래서 부모는 자녀를 바깥세상으로 데리고 나가는 데 자신감을
갖게 되고, 어린 자녀를 둔 다른 여느 가정의 일상적인 일과와 마찬
가지로 자녀가 새롭고 재미있는 경험을 할 수 있도록 지역사회와 더
많은 접촉을 하게 된다.

주

본 연구는 미국 교육부 특수교육국의 연구보조금(No. H024B70091)으로
수행되었다. 연구의 내용은 미국 교육부의 입장을 반드시 대변하고 있지는 않
다. 추가적인 정보를 원하는 사람은 아래로 연락 바란다:
Ilene Schwartz: ilene@u.washington.edu; University of Washington,
Box 357925, Seattle, WA 98195.

참고문헌

Allen, K. E., & Schwartz, I. S. (1996). *The exceptional child: Inclusion
in early childhood education*. Albany, NY: Delmar.

Baer, D. M. (1988). If you know why you're changing a behavior,
you'll know when you've changed it enough. *Behavioral
Assessment, 10,* 219-223.

Carr, E. (1988). Functional equivalence as a mechanism of response
generalization. In R. Horner, G. Dunlap, & R. Koegel (Eds.),
*Generalization and maintenance: Lifestyle changes in applied
settings* (pp. 221-241). Baltimore: Paul H. Brookes.

Donegan, M. M., Ostrosky, M. M., & Fowler, S. A. (1996). Children enrolled in multiple programs: Characteristics, supports, and barriers to teacher communication. *Journal of Early Intervention, 20,* 95-106.

Dunlap, G., Koegel, R. L, & Koegel, L. K. (1984). Continuity of treatment: Toilet training in multiple community settings. *Journal of the Association for Persons with Severe Handicaps, 9*(2), 134-141.

Fox, L., Dunlap, G., & Philbrick, L. (1997). Providing individual supports to young children with autism and their families. *Journal of Early Intervention, 21*(1), 1-14.

Heward, W. L. (2000). *Exceptional children: An introduction to special education.* Upper Saddle River, NJ: Merrill.

Horner, R., Dunlap, G., Koegel, R., Carr, E., Sailor, W, Anderson, J., Albin, R., & O'Neill, R. (1990). Toward a technology of "nonaversive" behavior support. *Journal of the Association for Persons with Severe Handicaps, 15*(3), 125-132.

Koegel, L., Koegel, R., & Dunlap, G. (1996). *Positive behavior support.* Baltimore: Paul H. Brookes.

LeLaurin, K., & Wolery, M. (1992). Research standards in early intervention: Defining, describing, and measuring the independent variable. *Journal of Early Intervention, 16,* 275-287.

O'Neill, R., Horner, R., Albin, R., Sprague, J., Storey, K., & Newton, S. (1997). *Functional assessment and program development for problem behavior: A practical handbook.* Pacific Grove, CA: Brooks/Cole.

Schwartz, I. S., & Baer, D. M. (1991). Social-validity assessments: Is current practice state-of-the-art? *Journal of Applied Behavior Analysis, 24,* 189-204.

Schwartz, I. S., Billingsley, F. F., & McBride, B. (1998). Including children with autism in inclusive preschools: Strategies that work. *Young Exceptional Children, 2*(1), 19-26.

성공을 향한 첫걸음

반사회적 행동을 취학 전에 예방하는 가정-학교의 협력적 중재

Hill M. Walker, Ph.D., University of Oregon
Bruce Stiller, Ph.D., Eugene, Oregon Public Schools
Annemieke Golly, Ph.D., Institute on School Violence
Prevention, University of Oregon

학교경험에 대한 준비가 안 된 채 입학하는 위험군(at-risk) 아동이 갈수록 늘고 있다(Yoshikawa & Knitzer, 1997; Zigler, Taussing, & Black, 1992). 빈곤, 방치, 학대, 태아기의 약물 및 알코올 피해, 가정폭력 등의 사회적 위험요인이 아동에게 미치는 영향은 아동의 학교 초기 경험 관련 행동 특성에 그대로 드러난다. 이와 같은 위험요인 중 한 가지 이상에 노출된 아동의 수는 지난 20년간 상당히 많이 증가하였다(Schorr, 1988).

일반적으로 유아담당 교육자들은 또래에게 극도로 공격적인 아동, 성인의 뜻을 잘 거스르는 아동, 비행소년 집단을 상징하는 색깔의 옷을 입는 아동, 교사에게 해를 입힐 의도를 분명히 가지고 물거나 발로 차는 아동 등을 보는 것에 익숙하지 않다. 이러한 행동 특성과 경향이 우리를 어둡게 만들기는 하지만, 희망은 있다. 이러한 행동유형을 가져오는 위험 요소(예: 빈곤, 방치, 학대)에 아동이 처하더라도 우리가 완충 역할을 할 수 있으며, 위험군 아동이 반사회적 방향으로 가지 않도록 조기에 중재할 수 있다. Kazdin(1987)은 상당히 설득력 있는 주장을 하였는데, 아동 나이 8~9세까지는 발달창 (developmental window)이 있어서 그때까지 중재를 하면 충분히 목표를 달성할 수 있다는 것이다. 그렇게 하기 위해서는 아동발달에 가장 영향을 많이 미치는 세 가지 사회적 주체, 즉 부모와 양육자, 교사, 또래 또는 급우를 포함하는 중재가 확실하게 조정되어야 한다 (Reid, 1993).

이 논문의 나머지 부분에서는 조기중재 프로그램인 '성공을 향한 첫걸음(First Step to Success)'에 대하여 설명하는데, 이는 반사회적 행동 양상의 가벼운 징조를 보이는 위험군 유아들을 대상으로 하는 프로그램이다. 반사회적 행동에는 높은 수준의 공격성, 다른 아동, 특히 약자를 괴롭히는 행동, 성인에 대한 반항 등이 포함되며, 청년기에는 공공 시설물 파괴, 도벽, 약물과 알코올에 의한 자학 등이 포함된다. 이 아동들 중 일부는 나중에 폭력조직에 가담하는 경우가 있고 자신의 사회적 환경에 문제가 생기면 이를 해결하는 데 폭력을 휘두르는 경우가 있다(Patterson, Reid, & Dishion, 1992). 이러한 반사회적 행동의 원인을 유치원 시기의 행동과 연결시키는 것이 지나친 비약이라는 생각이 들 수 있으나, 반사회적 행동과 어린 아동의 초기 징후(early signs) 사이에 상당히 밀접한 관련이 있는 것은 사실이다. 여러 종단연구(longitudinal research)에 따르면, 행동장애의 초기 징후를 보이는 유아가 초등학교 때 심각한 행동문제를 나타내며 청소년기에 들어서는 비행청소년 생활을 하다가 결국에는 자신과 타인에게 위험한 인물이 되는 경향이 있음이 밝혀졌다(Patterson, Reid, & Dishion, 1992; Reid, 1993).

'성공을 향한 첫걸음' 프로그램은 미국 교육부 특수교육국으로부터 4년간 재정적 지원을 받아 개발된 것이며, 1994년에 발표되었다 (Walker et al., 1997 참조). '성공을 향한 첫걸음' 프로그램의 주요 요소는 다음과 같으며, 실제에 근거한 사례연구 두 가지, 즉 학교에 들어가기 전 심각한 문제행동을 보이는 남아와 여아에게 각각 적용한 프로그램에 대해 소개하고자 한다.

1. '성공을 향한 첫걸음' 프로그램은 실시 시작부터 종료까지 2~3개월이 소요되며, 가정과 일반 유치원 환경에서 실시된다. 이 기간 동안 교사와 부모가 프로그램 실시에 매일 참여하는 시간은 최소한으로 요구된다.

2. 유치원 교사에게 자문을 해 줄 수 있는 능력을 갖춘 전문가(조기 중재자, 유아교육자, 행동 전문가, 학교 심리사, 상담 전문가, 사회복지사 및 그 외)가 프로그램을 실시한다. 이 전문가는 각 사례별로 대략 50~60시간을 투자하며, 교사는 정규적으로 가르치고 관리하는 임무의 일부로서 이 프로그램에 투입된다.

3. '성공을 향한 첫걸음' 프로그램은 서로 연관된 세 가지 요소(modules)로 이루어진다. ① 위험군 아동을 찾기 위해 모든 유치원 아동에게 실시하는 보편적인 선별(universal screening), ② 아동에게 학교생활에 필요한 적응행동 유형을 가르치기 위한 교사, 또래, 부모를 포함하는 학교중재

(school intervention) 요소, ③ 아동이 학교에서 성공할 수 있는 기술(예: 협력, 한계 수용, 자아 존중, 학교에서 공유 등)을 부모가 가르치도록 지원하는 부모훈련(parent training) 요소다.

4. '성공을 향한 첫걸음' 중재 프로그램을 개발하고 검증하는 동안 이 프로그램은 46명의 유치원 아동과 그의 가족에게 성공적으로 적용되었다. 그리고 지금까지 오리건 주의 4곳, 워싱턴 주의 3곳, 켄터키 주의 1곳에서 반복 실시되었다.

5. '성공을 향한 첫걸음' 중재는 적응행동, 공격적 행동, 부적응 행동, 그리고 교사가 지시한 과제에 적절하게 참여하는 시간의 양 등의 영역에서 특히 효과적인 행동 변화를 보였는데, 이는 교사평정(teacher ratings)과 직접 관찰을 통해 얻어진 결과다.

6. 추적연구(follow-up studies) 결과에 따르면, '성공을 향한 첫걸음'의 효과가 중재 종료 이후 2년 동안 지속되었음이 보고되었다. 즉, 매년 교사와 또래가 바뀌는 1학년, 2학년까지 중재효과가 지속된 것으로 나타났다.

7. '성공을 향한 첫걸음' 참여자들(즉, 아동, 부모, 또래, 교사)은 프로그램에 대한 높은 만족도를 나타냈다.

프로그램의 세 가지 요소는 구체적인 예와 함께 설명된다. 조기발견 요소는 보편적인 선별 절차를 사용하여 학급의 모든 아동이 똑같이 평가받고 참여하도록 한다. 선별요소에는 네 가지 선택 사항이 있다. 선별은 단순한 교사 지명부터 여러 단계의 복합적 과정까지 있다. 복합적 과정이란 교사지명(teacher nominations), 등급 서열화(rank ordering), 교사평정(teacher ratings), 그리고 구조화된/비구조화된 학교환경에서의 직접 관찰(direct observations)을 결합한 것이다. 이러한 선별과정을 거쳐 발견된 위험군 아동은 거의 모두가 '성공을 향한 첫걸음'과 같은 조기중재 프로그램이 필요한 아동으로 판별된다.

학교중재 요소는 행동화하는(acting-out) 아동을 위한 프로그램인 학업적 · 사회적 기술학습 대책(Contingencies for Learning Academic and Social Skills: CLASS, Hope & Walker, 1988)을 수정한 내용으로 구성된다. 학교중재는 총 2~3개월간 실시하는데, 처음에는 20분씩 매일 두 번 실시하다가 점차 하루종일로 늘려 간다(또는 사례에 따라 반일제). 첫 단계는 5일간 지속되며, 프로그램 상담원(consultant)이 이끌어 간다. 20분씩 매일 두 번 실시하는 동안 상담원은 표적아동 가까이 앉아 아동의 행동을 세밀하게 모니터한다. 모니터할 때는 초록/빨강 카드를 사용하는데, 이 카드는 다음과 같은 세 가지 목적을 지닌다. ① 아동의 행동이 적절한지 부적절한지를 아동에게 알려주기 위해, ② 점수를 기록하기 위해, ③ 칭찬과 보너스 점수를 기록하기 위해서다.

초록 카드의 점수를 다 따게 되면, 수업 후에 아동과 학급 전원에게 간단한 집단활동이나 특권(예: 사이먼 가라사대 게임, 세븐 업 게임)이 주어진다. 두 번의 기간 모두에서 활동이나 특권을 받게 되면, 아동은 가정에서의 특권도 받게 되는데, 이는 부모와 미리 상의한다. 상담원이 실시하는 5일간의 단계 종료 시점에서 아동은 수업시간을 5분씩 자른 블록마다 1점씩 얻을 수 있다.

교사가 실시하는 단계는 6일째 날 학급교사가 프로그램의 책임을 맡는 것으로 시작되며, 총 15일간 지속된다. 교사는 정규 수업시간과 학급을 관리하는 일과 중에 초록/빨강 카드를 사용하고 칭찬과 점수를 제공한다. 이 단계 중에 프로그램 상담원은 교사를 지원하는 역할을 맡는다.

프로그램의 마지막 단계는 유지 단계로서 프로그램을 시작한 지 21일째 되는 날부터 30일째 날까지 지속된다. 이 단계 동안 아동의 향상된 행동이 하루 종일 유지되도록 하고, 교사, 상담원 및 부모가 칭찬을 제공하여 아동의 행동이 지속되게 한다.

가정중재 요소는 학교중재 시작 10일째 날부터 시작하여 6주간 계속된다. 이 요소에는 부모가 파트너로서 교사 및 프로그램 상담원과 함께 아동이 가능한 최상의 상태로 학교생활을 시작할 수 있도록 지원하는 역할을 한다. 성공적인 학교생활에 핵심적인 여섯 가지 기술을 아동이 습득하게 돕는 방법을 부모가 학습하는데, 이는 다음과 같다. ① 학교에서의 의사소통과 공유, ② 협력, ③ 한계 설정(limit setting), ④ 문제해결, ⑤ 친구 만들기, ⑥ 자신감 함양 등이다.

'첫걸음' 프로그램 상담원은 이 구성요소들을 실시하는 데 책임을 진다. 한 주에 한 가지 기술을 부모에게 가르치는데, 가정을 방문하여 1시간 정도 가르친다. 주요 자료가 수록된 안내서와 가정에서 아동과 함께 기술을 연습할 수 있는 게임과 활동을 담은 상자를 부모에게 제공한다. 부모, 아동, 교사를 위한 가정중재의 목표는 다음과 같다. ① 부모는 기술을 가르치고, 매일 연습기회를 제공하고, 매일의 연습을 보상한다. ② 아동은 기술을 학습하고, 기술을 연습한다. ③ 교사는 그 기술을 알고서, 아동이 기술을 사용하면 칭찬하고, 부모에게 피드백을 제공한다. 가정중재의 궁극적인 목적은 취약점이 있는 아동이 초기 학교경험에서 성공할 수 있도록 부모/양육자와 교육자가 힘을 합쳐 아동을 지원하는 것이다. 가정중재는 '첫걸음'에 참여한 전문가와 부모/양육자에게 매우 인기 있는 구성요소로 확인되었다.

　마이클과 앤키의 사례(사례연구 1과 2 참조)는 이 프로그램에 대한 이해를 돕기 위해 몇 가지 특징을 들어 설명한 것이다. 프로그램에 참여한 많은 아동의 반응이 두 사례연구의 결과에 함축되어 있다.

　저자와 '첫걸음' 개발자는 지난 4년간 수백 명의 조기중재자, 유치원 교사 및 부모들을 이 프로그램에서 만났다. 참여자들로부터의 피드백은 한결같이 긍정적이었다. 지금까지 우리가 부딪힌 장애물 또는 실시에서의 장애는 가정중심 절차를 제대로 따르지 않거나 일관되게 적용하지 않은 부모들에 의한 것이 가장 큰 것이었다.

　'성공을 향한 첫걸음'은 유아교육자들에게 매우 인기 있고 효과적인 중재임이 틀림없었다. '첫걸음'이 개발된 이후, 저자는 이 프로그램을 수정 없이 초등 1, 2학년까지 성공적으로 적용할 수 있었다. 이 프로그램의 최대 장점은 아마 다음과 같을 것이다. ① 그냥 두면 나중에 학교 적응과 삶의 질에 심각한 해를 입힐 수 있는 문제를 조기발견할 수 있는 점, ② 아동이 될 수 있는 대로 최상의 상태에서 학교경험을 시작할 수 있도록 교사와 부모가 협력하는 데 초점을 맞춘 점 등이다. 조기중재가 빨리 시작될수록 더 효과적으로 오래 지속될 가능성이 높다. 너무나 많은 학생들이 문제를 이미 안고서 학교 문을 들어서는 문제점을 해결하기 위해서는 학교 입학 전에 조기발견하고 중재자원들을 집중하여야 한다.

유치원이나 초등학교 학급에서 프로그램을 실시하기를 원하는 전문가를 위해 선택적인 훈련과 기술적 지원이 가능하다. 이러한 내용에 대한 정보는 프로그램 출판사나 선임 저자에게 연락하면 제공될 것이다. '첫걸음' 프로그램과 그 가격에 대한 정보는 프로그램 출판사로 연락 바란다.

사례연구 1 **마이클**

마이클은 초등학교 1학년 담임교사에 의해 '성공을 향한 첫걸음' 프로그램에 의뢰되었다. 교사에 따르면, 마이클은 학급활동에 참여하기를 자주 거부하였다. 마이클은 교사가 정한 규칙에 도전하고, 교사가 그 행동을 바로잡으려 하면 교사에게 반항하였다. 교사가 지시를 하였을 때 이에 따르고 싶지 않으면 마이클은 자신의 얼굴을 가리고 다른 방향을 쳐다보곤 하였다. 다른 학생들과의 사소한 시비에도 과잉반응을 보이고 분노를 표출하며 심한 욕설을 하기 때문에 다른 학생들이 마이클을 꺼렸다. 마이클이 유치원에 다닐 때 학교지원 직원(school support personnel)의 도움을 전혀 받지 않았는데, 이는 당시 담임교사의 성향 때문으로 짐작된다. 그 교사는 지금까지 자신의 학급에서 문제가 있는 아동을 한 번도 의뢰한 적이 없었다.

중재 이전 선별 검사를 한 결과, 마이클은 수업시간에 80% 정도 참여하는 것으로 나타났다. 교사가 마이클의 사회적 행동(즉, 적응행동, 부적응행동, 공격성) 평가를 하였다. 마이클은 세 가지 영역 모두 극도로 부정적인 점수를 받았다. 적응행동 20, 부적응행동 35, 공격성 47로 나왔다. 각 영역에서 정상 또는 평균점수는 각각 35, 14, 7이다.

학급중재 기간 동안 마이클은 또래에게 훨씬 협동적이며 긍정적으로 바뀌었다. 교사의 보고에 따르면, 마이클은 학급에서 자신이 관심의 대상이 됨을 즐겼다. 마이클은 긍정적인 태도로 학교에 등교하였고, 교사가 잘못된 것을 지적하면 고치려는 태도를 보였다. 마이클이 학급규칙에 대해 도전적인 행동을 하는 것을 교정하는 데 초록/빨강 카드가 큰 도움이 되었다. 교사가 빨강 카드를 들고 마이클의 행동을 무시하면, 마이클은 보통 20초 이내에 교사에게 순응하였다.

마이클의 어머니 신디는 프로그램의 결과에 매우 만족하였다. 어머니는 마이클이 다른 사람의 감정에 공감을 나타내고 친구를 사귀는 것을 직접 목격하였다. 어머니에 따르면, 한 번은 다른 아동이 넘어지는 것을 보고 마이클이 다가가서 그 친구가 괜찮은지 확인하였다고 했다. '첫걸음' 프로그램이 시작되기 전에는 그러한 행동을 한 적이 한 번도 없었다고 말하였다. 가정중심 요소 역시 어머니가 부모로서 자신감을 갖는 데 상당히 도움이 되었다. 마이클에게 협력을 가르치고 한계를 설정하는 것은 이미 어머니가 사용하던 아이디어였으나, 자신이 올바르게 하는지 지금까지 확신하지 못하고 있었다. 또한 지금까지 자녀양육에 관한 책을 많이 읽었으나 어떤 내용들은 서로 상반된 조언을 제공하거나 비효율적인 아이디어들을 제시하였다. 그러나 '첫걸음' 프로그램에서 제시한 아이디어들은 확실하게 효과가 있다고 어머니는 강조하였다. 마이클은 특히 어머니와 함께 카드 게임을 하며 가정에서 연습하는 것을 좋아하였다. 어머니와 마이클의 상호작용은 프로그램 중에 훨씬 더 긍정적으로 변하였으며, 이와 같은 변화는 프로그램 종료 이후에도 지속되었다.

중재 이후 마이클이 수업에 참여하는 비율은 95%로 증가하였다. 중재 참여 이후 교사가 실시한 평가 결과도 상당히 향상되었다. 현재 마이클은 초등 2학년이다. 교사와 어머니에 따르면, 마이클은 프로그램 중에 보였던 성공을 계속 보이고 있다. 마이클은 빠르게 학습하고 있으며, 친구를 사귀고, 교사가 잘못된 것을 바로잡으려 할 때 적절하게 반응하고 있음이 보고되었다. 교사가 프로그램 종료 후 실시한 평가 결과, 적응행동 31, 부적응행동 22, 공격성 5점으로 나타났다. 어머니는 마이클의 동생도 '첫걸음'에 참여할 수 있기를 희망하였다.

앤키는 강인하고 지배적인 특성을 지닌 유치원 여아로서, 가끔 교사와 부모의 지시를 따르기를 거부한다. 앤키는 또래를 지배하고자 하며 자신이 원하는 대로 되지 않으면 토라진다. 앤키는 유치원 담임교사에 의해 '성공을 향한 첫걸음' 프로그램에 의뢰되었다.

앤키는 프로그램 첫 시간에 초록/빨강 카드 게임을 하는 것에 동의하였으며, 그리고 자신이 좋아하는 노래를 첫 시간이 끝날 때 급우들과 부를 수 있는 기회를 얻었다. 둘째 시간은 컴퓨터실에서 이루어졌는데, 앤키는 자신과 함께 컴퓨터를 공유하는 친구의 키보드를 마구 두드렸다. 앤키 옆에 앉아 있던 상담원이 카드를 빨강 쪽으로 들어 보였다. 빨강 카드로 2점을 받은 이후, 앤키는 상담원에게 혀를 내밀어 보이며 키보드를 계속해서 주먹으로 내리쳤다. 상담원은 아무 말도 하지 않으며 빨강 카드를 계속 들고 있었다. 앤키의 행동은 더욱 심해졌다. 책상 밑으로 들어가 책상의 바닥을 마구 쳤다. 상담원은 책상 아래에서 빨강 카드를 들었다. 앤키는 계속하여 책상을 치며, 상담원에게 혀를 내밀었다. 상담원은 차분하게 "오늘은 네가 게임 할 준비가 안 된 것으로 여겨진다."라고 말하며 교실 문쪽으로 향하였다. 앤키는 책상 밑에서 재빨리 나오면서 "나 게임 할 거야, 나 게임 할 거야."라고 소리 질렀다. 상담원은 전혀 돌아보지 않고 응답하지 않은 채 그대로 교실 밖으로 나갔다.

교사는, 상담원이 떠나고 난 뒤 앤키는 발작을 일으키듯이 "나 게임 할 준비 됐어, 왜 가는 거야?"라고 소리 질렀다고 보고하였다. 교사는 앤키를 무시하였으며 앤키가 진정이 되었을 때 상호작용을 시작하였다.

상담원은 그날 오후에 앤키의 부모에게 전화를 걸어서 앤키가 오늘은 초록/빨강 카드를 집에 가져가지 않을 것이라고 알렸다. 또한 부모에게, 앤키가 오늘 유치원에서 일어난 일에 대해 언급하면 단순히 "내일은 틀림없이 네가 다시 게임을 할 수 있을 거야."라고만 답하게 하였다.

다음날 앤키를 만났을 때, 상담원은 "오늘 게임 할 준비가 되었니?"라고 물었다. 그러자 앤키는 "나 어제도 준비되었는데, 선생님이 가버렸잖아요."라고 말하였다. 상담원이 "카드가 빨강이면 무슨 의미이지?"라고 묻자, 앤키는 "하지 마세요(stop)."라고 답하였다. 상담원은 "그렇지, 멈추고 바른 행동을 해야지. 그렇게 할 수 있겠니?" 앤키는 게임을 하기로 동의하고 실제로 훌륭하게 해내었다.

앤키의 행동은 프로그램 실시 중에 극적으로 향상되었다. 아마도 성인과 앤키가 서로 힘겨루기를 하지 않은 것이 처음일 것이다. 현재 앤키는 4학년이며, 담임교사는 앤키가 자신의 학급생활을 즐거워하고 급우들이 앤키를 좋아한다고 하였다.

참고문헌

Hops, H., & Walker, H. M. (1988). *CLASS: Contingencies for learning academic and social skills.* Seattle, WA: Educational Achievement Systems.

Kazdin, A. (1987). *Conduct disorders in childhood and adolescence.* London: Sage.

Patterson, G. R., Reid, J. B., & Dishion, T. J. (1992). *Antisocial boys.* Eugene, OR: Castalia.

Reid, J. (1993). Prevention of conduct disorder before and after school entry: Relating interventions to *developmental findings. Development and Psychopathology, 5*(1/2), 243-262.

Schorr, L. (1988). *Within our reach: Breaking the cycle of disadvantage.* New York: Doubleday.

Walker, H. M., Kavanagh, K., Stiller, B., Golly, A., Severson, H. H., & Feil, E. (1997). *First step to success.* Longmont, CO: Sopris West.

Yoshikawa, H., & Knitzer, I. (1997). *Lessons from the field: Head Start mental health strategies to meet changing needs.* New York:

National Center for Children in Poverty.

Zigler, E., Taussig, C., & Black, K. (1992). Early childhood intervention: A promising preventative for juvenile delinquency. *American Psychologist, 47*(8), 997-1006.

문제행동 예방 차원에서 교실환경의 역할 검토하기

Judy Lawry, M.S.Ed., Cassandra D. Danko, M.S.Ed.,
Phillip S. Strain, Ph.D., University of Colorado at Denver

우리가 가르치는 아동 중에는 우리의 능력을 시험할 정도로 도전적 행동을 하는 아동이 있을 수 있다. 일반적으로 교사들은 바람직하지 않은 행동이 일어난 이후에 이를 바로 잡기 위해 실시하는 온갖 전략들을 알고 있다. 이러한 전략들은 단기적으로 효과가 있을지 모르나, 장기적으로 도전적 행동의 재발을 방지하기에는 그리 효과적이지 못하다. 흔히 교사들이 간과하는 점이 한 가지 있는데, 이는 교실의 물리적·교수적 환경이 도전적 행동을 악화시키지는 않더라도 지속되는 데 상당한 역할을 하고 있다는 것이다.

여기에서는 질의응답 형식으로 유아교육자들에게 효과적이며 구체적인 전략을 제공하고자 한다. 이 전략은 교실환경을 조절함으로써 도전적 행동을 예방하는 것이다. 여기에 제시한 질문들은 저자가 교실 자문 중에 관찰한 내용과 교사들이 도전적 행동과 관련하여 많이 던지는 질문을 혼합한 것이다. 우리가 제시하는 전략 중 다수는 이미 많이 알려진 것이다. 그러나 이러한 전략을 상기시키는 것이 도움이 된다는 사실을 우리는 자문을 통하여 깨달았다.

물리적 환경 검토

물리적 환경(physical environment)이란 학급의 물리적 배치를 의미한다. 교실의 가구 배치, 공간 사용 또는 물리적 개조는 아동의 독립성 수준에 영향을 미친다. 학급의 크기, 벽면 색깔, 가구의 형태, 조명의 양, 창문의 숫자, 이 모두가 아동의 학습에 영향을 미칠 수 있다(Dodge & Colker, 1996). 따라서 물리적 환경을 신중하게 배치한다면 도전적인 행동을 막는 데 상당한 도움이 될 것이다.

◉ 아이들이 교실에서 뛰어다니거나, 제지함에도 불구하고 무시한 채 장난감을 갖고 놀거나, 같은 장난감을 서로 갖겠다고 싸우거나, 한 놀이 영역에 너무 많은 아이들이 몰려서 문제를 일으켜요. 이렇게 자주 일어나는 문제를 방지하려면 교실을 어떻게 정돈하여야 할까요?

이러한 질문은 당신의 학급이 현재 정돈이 잘 안 되어 있음을 의미할 수 있다. 놀이 영역이 명확하게 구분되고 각 영역마다 경계가 확실한 교실은 아동으로 하여금 어디서, 언제, 어떻게 자료를 가지고 놀 수 있는지를 시각적으로 알려 준다. [그림 1]은 놀이 영역이 명확하게 구분된 구체적인 예를 보여 준다.

교실의 물리적 환경을 어떻게 정돈하느냐에 따라 뛰어다니는 행동과 같은 부적절한 행동을 오히려 부추길 수 있다. 이러한 행동을

90

학급 A: 환경적으로 부적절한 학급

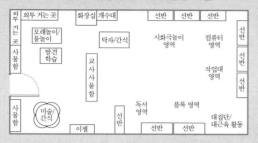

- 미술 영역이 개수대와 가깝지 않음
- 장난감이 대집단 영역과 너무 가까이 있음
- 조용한 영역이 소란한 영역과 이웃함
- 놀이 영역 사이에 시각적 경계가 없음
- 선반에 이름표가 없음

- 대집단 영역에 개별 공간이 표시되어 있지 않음
- 간식 탁자들이 떨어져 있어서 사회적 상호작용을 제한함
- 달리기를 부추기는 공간임
- 벽면이 너무 어수선함

학급 B: 환경적으로 적절한 학급

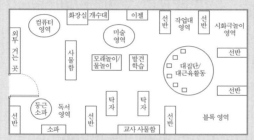

- 출입문 가까이에 시각적 단서가 정렬되어 있음
- 비구어적 아동을 위해 놀이영역 관련 의사소통 그림이 붙어 있음
- 아동의 자립심을 촉진하기 위하여 사물함마다 아동의 사진과 이름이 붙어 있음
- 스스로 정리하는 것을 돕기 위해 선반마다 이름표가 있음
- 학급 규칙이 벽면에 게시되어 있음
- 영역마다 들어갈 수 있는 아동 숫자를

표시하는 고리가 걸려 있음
- 벽면의 시각적 자극을 최소화하였음
- 개인적인 시각적 시간표가 붙어 있음
- 각 놀이 영역 입구에 놀이의 그림/사진이 있음
- 학급 시간표가 게시되어 있음
- 모든 선반과 가구의 높이가 낮음
- 성인이 각 영역을 충분히 관찰할 수 있는 높이로 각 영역이 구분되어 있음

[그림 1] 환경적으로 부적절한 학급과 적절한 학급의 조감도

예방하기 위해서는 길고 넓게 트인 공간을 제한해야 하는데, 이는 가구 배치를 전략적으로 하고 놀이 영역별로 시각적인 경계(예: 바닥에 테이프를 붙이기)를 두어야 한다. 그래야만 영역이 어디에서 시작하고 끝나는지를 아동이 명확하게 이해할 수 있다.

놀이 영역이 개방되어 있으면, 아동은 선반에서 장난감을 아무 때나 끄집어 낼 수 있다. 아동은 매혹적인 장난감을 갖고 놀 수 없는 시간이 있다는 사실을 종종 인식하지 못한다(특히 매일의 일과를 배우는 과정 중의 아동이라면). 교사는 놀이 영역에 담요나 천을 덮어 씌워 시각적으로 영역을 차단할 수 있다. 놀이 영역 앞에 '닫혔음' 또는 '금지' 같은 기호를 붙이는 것도 시각적인 신호가 된다. 한 놀이 영역에 너무 많은 아동이 몰리면 장난감을 두고서 싸움이 벌어질 수 있고, 영역 내에서 자유롭게 움직일 수 없게 만들며, 아동 간의 상호작용을 제한한다. 특정 센터의 크기(예: 소꿉놀이 영역은 4명 정도가 적절한 반면에, 컴퓨터 영역은 2명 정도가 적절할 수 있음)에 따라 각 영역별로 아동의 숫자를 제한하는 것이 중요하다. 숫자를 제한함으로써 아동은 소집단으로 놀이할 수 있고, 서로 절충하고 문제해결하는 연습을 하며, 차례를 지키고, 자료를 공유하고, 우정을 쌓게 된다(Dodge & Colker, 1996). 예를 들면, 각 놀이 영역에 4개의 고리를 걸어 두는 규칙을 정해 두면 아동은 자신의 이름을 영역에 걸어 두고 놀이를 하고, 4개의 이름이 모두 걸려 있을 경우 이는 그 영역이 가득 찼다는 구체적인 신호가 된다.

🎯 구조화된 집단 시간이 하루 중 가장 힘든 시간 같아요. 어떻게 집단 시간을 구성해야 도전적 행동을 예방할 수 있을까요?

먼저, 아동의 손이 쉽게 닿는 곳에 어떠한 물건(예: 장난감 선반, 책장)도 두지 않는다. 장난감 선반을 뒤로 돌려놓거나, 천으로 덮어 두거나, 또는 선반에서 물건들을 아예 치워 버린다. 둘째, 아동들이 너무 가까이 앉지 않도록 자리 배치를 한다. 모든 아동이 적어도 한 뼘 정도의 거리를 유지하여 앉고, 앉은 자리에서 모든 아동이 활동을 잘 볼 수 있도록 배치한다. 셋째, 각자 앉는 바닥의 위치에 작은 네모 카펫을 깔거나 사각으로 테이프를 붙여 아동이 자신의 공간을 시각적으로 알 수 있도록 한다.

🎯 어떻게 하면 교실에서 주의산만함을 최소화할 수 있을까요?

소란한 영역을 조용한 영역 가까이 두는 경우가 있다. 독서 영역, 탁자 활동 영역, 쓰기 영역 등의 조용한 영역이 상대적으로 소란스러운 영역, 즉 소꿉놀이, 대근육 운동, 블록 등의 영역과 떨어져 있도록 배치하는 것이 중요하다. 또한 교실 주위, 벽면 또는 놀이 영역에 시각적으로 산만하게 하는 것들이 너무 많을 수 있다. 이러한 경우, 자료들을 제한하고 모든 것을 한꺼번에 전시하기보다는 주기적으로 교대하여 전시하는 것이 낫다. Grandin(1995)의 주장에 따르면, 어떤 아동은 형광등의 전기가 순환하면서 여리게 깜박거리는 것을 감지할 정도로 예민하기 때문에 특정 유형의 조명에 아주 민감하게 영향을 받는다. 조명과 관련하여 아동이 산만해지는 것을 예방하기 위해서 형광등 사용을 가급적 피하고 간접 조명을 이용하거나 조명 위에 천을 덮으면 진정효과가 있다. 형광등을 쓸 수밖에 없는 상황이라면 되도록 자주 전구를 갈아 끼우도록 한다. 또한 아동이 바깥을 쳐다보며 지나치게 산만해지지 않는다면, 조명의 영향을 덜 받도록 창문 가까이 아동을 배치하는 것도 고려한다.

교수환경 검토

교수환경(instructional environment)이란 학급의 일과, 전이 시간, 각 영역에서 이용 가능한 자료, 아동에게 제공하는 성인의 지시 등을 포함한다. 이 모든 활동은 문제행동이 일어날 잠재성을 지니고 있다. 일과의 일관성, 전이의 체계, 활동을 바꾸는 동기 수준, 이용 가능한 장난감의 종류, 지시가 주어지는 방법 등은 아동이 어떻게 반응하느냐에 영향을 미친다. 교수환경을 신중하게 계획함으로써 도전적 행동을 어느 정도 예방할 수 있다.

◉ 하루 일과가 자연스럽게 진행되도록 하려면 어떻게 해야 할까요?

먼저, 일과표(daily class schedule)를 검토하는 것으로 시작한다.

계획표가 균형 잡혀 있는가? 예를 들어, 조용한 시간 vs. 활동적인 시간, 소집단 vs. 대집단, 교사 주도 vs. 아동 주도가 균형 있게 잡혀 있는가? 성인의 도움 없이는 활동이 너무 어려운가? 아동이 독립적으로 활동을 시작할 수 있도록 활동들이 명확하게 정의되어 있는가? 〈표 1〉은 균형이 잘 잡힌 일과표에 각 활동을 덧붙여 설명한 예다.

대부분의 아동은 일과가 일관성 있게 이루어지면 좀 더 안정감을 느낀다. 아동도 성인과 마찬가지로 다음에 무엇이 일어날 것인지 알고 싶어 한다. 따라서 일과가 흐트러지면 어떤 아동은 매우 불안해하고 짜증을 많이 낸다. 시각적인 시간표를 이용하여 일과의 변화를 알려 주면 아동은 미리 준비할 수 있다. 하루의 행사를 그림으로 표시한 일정을 교실 벽면에 붙여 놓을 수 있다. 이때 고리나 클립 같은 것을 사용하면 쉽게 떼고 붙일 수 있다. 아침에 하루를 시작할 때 오늘 일정의 변화를 전체 학급 아동에게 또는 개별적으로 알려 주면 나중에 아동이 성질부리는 것을 예방할 수 있다.

대부분의 성인이 하루 중 일의 능률이 높은 시간대와 그렇지 않은 시간대를 갖고 있듯이 아동도 마찬가지다. 매년 다른 아동들이 학급에 들어옴에도 불구하고 항상 똑같은 시간표를 고수하는 교사들이 많다. 학급에서 하는 활동은 활동 수준의 정도에 따라 계열화되어야 한다(Whaley & Bennett, 1991). 활동을 적절하게 계열화하는 것은 아동의 행동에 긍정적인 영향을 미친다(Krantz & Risley, 1977). 각 활동마다 가장 좋은 시간대를 찾아서 하루 일정을 수정하는 것이 좋다. 이를테면, 아침의 첫 활동으로 몸을 많이 움직이는 실외 놀이를 하기보다 탁자 위에서 장난감을 가지고 노는 조용한 활동을 선택할 수 있다. 하루 일과가 끝나가는 마지막 30분 동안을 항상 견디기 힘

8:45-9:00	탁자 활동 (table time)	프로젝트나 소근육 운동 관련 주제 중 아동이 선택할 수 있다. 활동은 탁자 영역으로 제한되므로 아동에게 구조화를 제공한다. 이 활동은 아동을 차분하게 만드는 시간이 되며 가정에서 학교로의 전이 시간이 되기도 한다.
9:00-9:15	이야기나누기 시간 (circle time)	노래, 손가락 놀이(finger plays), 사회적 기술에 초점을 맞추는 대집단 활동이다. 활동은 순서가 있고 반복적이다. 아동 간의 사회화를 촉진하기 위해 소품(props)이 사용된다.
9:15-10:00	영역 놀이 (center time)	아동의 흥미에 따라 자신이 참여할 활동을 선택할 수 있고 개별 또는 소집단으로 교사주도의 활동에도 참여할 수 있다. 놀이 영역의 종류: 어질러도 되는 놀이(messy table), 발견 영역(discovery), 작업대(workbench), 미술(art), 탁자 위에서 가지고 노는 장난감(table toys), 책, 대근육 운동, 소꿉놀이, 블록, 컴퓨터
10:00-10:15	동화 시간 (story time)	한 주의 주제와 관련 있는 이야기를 들려준다. 실제 소품, 시각적 자료, 작은 인형 등을 사용하여 참여를 높인다.
10:15-10:30	간식 시간 (snack)	음료 당번, 간식 당번 등의 역할을 정하여 또래 간의 상호작용을 촉진한다.
10:30-10:40	조용한 시간 (quiet time)	다른 친구가 간식을 다 먹을 때까지 편안하고 조용한 영역에서 책을 본다.
10:40-11:00	실외 활동 (outdoor play)	바깥에서 운동 활동을 한다.

11:00-11:20	신체 활동 (motor group)	소근육 운동(주제 관련 미술 프로젝트), 감각운동(촉각적 자료), 대근육 운동(장애물 코스) 등 세 가지 영역 중 아동이 선택하여 참여한다.
11:20-11:30	대집단 (closing circle)	대집단으로 모여 좋아하는 노래를 부르고, 오늘 일과에 대하여 이야기를 나누고, 집으로 귀가할 준비를 한다.

들어 하는 아동이 있다면, 교실 양쪽에 움직임이 많은 활동(장애물 코스)과 조용한 활동(진흙 놀이) 공간을 만들어 두고 아동이 원하는 것을 선택하도록 할 수 있다.

◉ 어떻게 하면 전이 시간을 소란스럽지 않고 질서 있게 만들 수 있을까요?

아동이 갖고 놀던 장난감을 정리하게 하고 이어지는 활동을 스스로 시작하도록 만드는 것은 결코 쉬운 일이 아니다. 게다가 다음 활동이 시작될 때까지 너무 많이 기다리게 하면, 아동은 스스로를 즐겁게 만드는, 무엇인가 바람직하지 않은 것을 찾을 가능성이 높아진다. 이러한 문제는 전이(transition) 자체를 즐겁게 만들면 해결될 수 있다. 다른 일상활동과 마찬가지로 전이도 계획에 따라 이루어져야 한다. 예를 들면, 즐거운 음악을 틀어 두고 그 음악이 끝나기 전에 정리를 마치도록 촉구한다. 정리를 마치고 다음 활동을 할 준비가 된 아동에게는 손에 도장을 찍어 준다. 다음 활동으로 옮겨갈 때 스

쿠터 보드를 타거나, 손수레를 끌고 가거나 또는 동물 흉내를 내면서 진행한다. 조명을 깜박거리거나 종을 울리는 신호를 이용하여 아동들이 교실 중앙으로 모이게 한 다음 "머리를 만지세요, 머리를 만지세요, 머리를 만지세요, 박수, 박수."와 같은 노래를 부른다. 이렇게 함으로써 모든 아동은 하던 놀이를 멈추고 정리하라는 교사의 지시에 집중하게 된다. 아동이 스스로를 즐겁게 만드는 무엇인가를 찾는 것을 차단하기 위한 기타 방법으로는, 활동의 일부를 겹치게 하거나 다른 성인이 다음 활동에서 아동들을 맞을 수 있고, 준비된 아동은 먼저 다음 활동을 시작하게 하거나, 모두가 전이를 마칠 때까지 집단으로 노래 부르게 할 수도 있다.

어떤 아동, 특히 자폐증을 지닌 아동은 한 활동에서 다른 활동으로의 전이를 잘 이해하지 못하거나 힘겨워 하는 경향이 있다. 전이 때마다 계속해서 울거나 스트레스를 받는 아동에게는 개별적으로 사진으로 된 계획표를 제공하는 것이 도움이 될 수 있다. 다음에 이어지는 활동, 장소, 사람에 대한 사진과 각 사진에 따른 언어적 지시를 함께 제공하면 아동은 정보처리를 좀 더 쉽게 할 수 있으며 다음에 일어날 것에 미리 대비할 수 있다.

◉ 정리하는 시간마다 정리하기를 거부하고 짜증을 부리는 아동에게 어떻게 하면 동기 부여를 할 수 있을까요?

먼저 고려해야 할 사항은 아동이 활동을 선택하고 그 활동에 몰두할 수 있는 충분한 시간을 제공하였는가다. 영역 내에서 하는 놀이시간은 하루 중 다른 어떤 시간보다 길게 제공되어야 한다([그림 2] 참조). 두 번째 고려할 사항은 놀이가 곧 끝난다는 경고를 아동에게 충분히 제공하였는가다. 이 두 가지 전략들을 다 사용하였음에도 정리 시간만 되면 계속해서 혼란스러워 하는 아동이 있다면, 정리 시간과 좋아하는 놀이 활동 사이에 완충 역할을 하는 활동(buffer activities)을 제공하는 것이 필요할 수 있다. 예를 들면, 모래놀이를 아주 좋아하는 아동에게 정리 시간이 시작되기 5분 전쯤 덜 좋아하는 활동을 하도록 유도하는 것이다. 덜 좋아하는 활동을 포기하고 정리에 참여하는 것이 아동에게는 훨씬 쉬울 수 있을 것이다.

🔘 아동 간에 공유하기와 차례 지키기 같은 긍정적, 사회적 상호작용을 증가시키려면 어떻게 해야 할까요?

다른 아동과 장난감을 함께 이용하고 협력하는 방법을 구체적으로 배우지 않았는데도 때로 교사는 아동이 그것을 이미 알고 있으리라 기대하는 경우가 있다. 그러나 사회적 기술훈련이 시작되기까지는 아동들 사이에 선호도가 높은 장난감이나 새로운 장난감은 똑같은 것을 몇 개 더 준비하는 것이 바람직하다. 형식적인 사회적 기술 교육과정은 학기 초에 시작되어야 하며, 필요에 따라 주기적으로 검토되어야 한다. 사회적 기술 훈련은 적절하게 친구의 관심을 얻기, 공유하기(share), 장난감을 함께 쓰자고 부탁하기, 도움 청하기, 놀이 아이디어 제공하기 등과 같은 전략을 포함한다(Strain, Kohler, Storey, & Danko, 1994). 다른 아동이 갖고 있는 장난감을 나도 갖고 싶은 것과 같은 사회적 딜레마에서 어떻게 해야 하는지를 작은 인형을 이용하거나 역할놀이로서 표현한다. 아동이 장난감을 요청할 수 있는 방법을 찾아내도록 장려한다. 언어발달이 늦거나 구어를 사용하지 못하는 아동은 친구의 어깨를 가볍게 두드리거나 장난감을 요청하기 위하여 손을 내미는 것과 같은 전략을 말과 함께 가르친다. 이러한 전략을 잘 사용하는 아동에게 강화를 제공하고 교사가 이를 높이 평가한다는 것을 아동이 인식하게끔 하여야 아동이 계속하여 이 전략들을 쓸 수 있게 된다. 또한 적절한 행동을 보이고 사회적 기술을 갖춘 또래와 짝을 맺어 준다.

◉ 어떻게 하면 착석행동을 증가시킬 수 있을까요? 그리고 돌아다니며 지루해 하고 참여를 거부하며 집중을 하지 않는 문제들을 예방할 수 있을까요?

아동이 활동을 시작하는 데 어려움이 있고 다른 아동과의 놀이에 쉽게 참여하지 못하는 이유는 여러 가지가 있다. 그중 가장 보편적인 이유 두 가지를 들면, 아동이 장난감이나 활동에 지루함을 느끼기 때문이란 것과 놀이관련 상호작용을 시도하거나 유지하는 데 필수적인 기술을 갖고 있지 않기 때문이라는 것이다. 만약에 같은 장난감, 자료 또는 활동이 몇 주간 계속해서 제공된다면, 아동은 지루함을 느낄 것이다(그리고 지루함을 느끼면 바람직하지 않은 행동을 할 것이다.). 따분함을 예방하는 열쇠는 신기함(novelty)을 유지하는 것이다. 새로운 장난감을 주기적으로 순환시키고 주제 관련 자료들을 추가함으로써 아동의 흥미를 끌 수 있으며 아동이 자료들을 좀 더 적극적으로 갖고 놀 수 있게 한다. McGee, Daly, Izeman, Risley (1991)는 장난감을 주기적으로 순환시켰을 때 한 달도 안 된 기간 동안 비장애아동들의 장난감을 갖고 노는 비율이 71%에서 81%로 향상되었다고 보고하였다. 새로운 장난감은 큰 돈을 들이지 않고 추가할 수 있는데, 예를 들면, 다른 교사들과 장난감을 교환하거나, 부모에게 기증을 부탁하거나, 벼룩시장이나 중고품가게에서 구입할 수 있다. 인근 학교의 두 학급과 한 달에 두 번씩 장난감을 순환시키는 시스템을 시작하는 것도 좋은 전략이다.

아동이 다음과 같은 행동을 보인다면, 놀이 영역이 효율적으로 운영되고 있다고 판단할 수 있다. ① 독립적으로 활동을 선택함, ② 영역 안에 일단 들어가면 적절하고 창의적으로 그곳의 장난감을 이용함, ③ 정해진 시간 동안 활동을 꾸준하게 지속함, ④ 영역 안에서 놀이할 때 성취감을 느낌, ⑤ 자료들을 소중하게 다룸(Dodge & Colker, 1996) 등이다.

놀이활동에 참여하기를 거부하는 아동은 아마도 놀이 상호작용의 구조에 반응하는 것일 수도 있다. 성인이 실제로 아동에게 단순히 일련의 지시만을 줄 때에도 자신이 아동과 놀이를 하고 있다고 생각하는 경향이 있다. 성인은 짧은 시간 안에 많은 지시를 아동에게 줄 수 있는데, 예를 들면, "자니야, 보트 안에 사람 집어넣고, 나를 따라오게 해 봐. 사람 모자가 어디 있지? 모자가 무슨 색깔이야? 개를 나한테 줘 봐. 수지에게 보트를 보여 줘."와 같이 쉴 새 없이 아동에게 지시를 내리는 것이다. 이러한 놀이는 아동을 따분하게 만들며 결국 놀이 영역을 떠나게 만든다. 게다가 교사의 요청을 무시하거나 짜증을 부리게 만들 수 있다. 지시를 하기보다는 오히려 아동이 놀이하는 것을 옆에서 설명하거나 이야기하는 것이 낫다(예: "사람이 보트에 탔네. 강을 따라 내려가네. 오, 개가 보트에 뛰어들었어!").

한 놀이 영역에서 다른 놀이 영역으로 돌아다니는 아동은 아마도 놀이 영역에서 장난감을 적절하게 이용하는 능력이 부족하여 그렇게 행동할 수 있다. 어떤 경우, 아동이 다른 아동과 상호작용하는 방법을 가르치기 이전에 먼저 장난감을 목적에 맞게 적절하게 이용하는 것을 가르치는 것이 더 시급할 수 있다.

아동의 발달 수준에 맞지 않는 활동이나 자료 또한 참여를 거부하게 하거나 짜증 내는 행동을 유발할 수 있다. 수업을 준비하고 장난감을 선정하고, 활동을 선택할 때는 각 아동의 연령과 기술 수준이 다르다는 것을 항상 염두에 두어야 한다. 다시 말하면, 좀 더 어려운 과제에 준비가 된 아동이 있는 반면에 어떤 아동은 수정이 필요할 수 있다. 예를 들어, 대집단 시간에 주로 아동들에게 이야기하거나 책을 읽어 준다면, 언어발달이 늦은 아동이나 주의력 결함을 지닌 아동은 흥미를 잃기가 매우 쉽다. 아동이 일단 흥미를 잃게 되면, 그 활동 영역을 떠나려 할 것이고, 그것이 여의치 않으면 드러눕거나 다른 아동에게 집적거릴 가능성이 높아진다. 시각적인 소품과 실제 손으로 조작할 수 있는 작은 물건들을 추가하면 모든 아동이 자신의 기술 수준에 상관없이 즐겁게 참여할 수 있으며 학습할 수 있다. 더욱이, 조금 더 어려운 과제를 할 수 있는 아동들은 소품을 이용하여 이야기 속의 인물을 재연하는 역할을 할 수 있고, 추가적인 도움이 필요한 급우를 돕거나 지시를 제공하는 또래교사의 역할을 할 수 있다.

대집단 수업을 준비할 때 다음과 같은 전략을 사용하면 도전적 행동을 어느 정도 예방하고 아동의 참여도 높일 수 있다. ① 3~5세 유아에게는 구조화된 집단 시간을 최대 15분으로 제한한다. ② 집단 시간에는 운동감각성 동작(kinesthetic motor movement)을 약간 추가하고 아동이 적극적으로 반응할 기회를 제공한다(예: 박수치기, 높이 뛰기, 이야기 속의 동작 재현). ③ 주제나 이야기와 관련된 물건을 아동이 만질 수 있도록 하거나 감각적인 피드백을 제공하는 물건을 아동이 만져볼 수 있도록 한다. ④ 색깔이 다채로운 영상이나 소품 (예: 작은 인형, 사진)을 수업 보조자료로 활용한다. ⑤ 교사의 목소리 억양을 다양하게 하여 아동의 참여를 끌어들인다.

대집단 활동 시의 주의력 부족과 부적절한 행동은 집단 점검 (group monitoring) 전략을 이용함으로써 예방이 가능하다. 효과적인 점검 전략은 아동이 적절한 학습행동을 유지하도록 도와주고, 아동의 행동 때문에 수업이 끊기는 것을 예방해 준다. 학급 보조원은 조용히 아동의 귀에 속삭이거나 교사에게 신호를 보내어 아동이 수업에 집중하도록 재지시한다. 보조원은 전체 아동을 관찰할 수 있기 때문에 교사가 수업하느라 놓친 행동도 관찰이 가능하다. 점검 절차가 효과적으로 사용되면, 아동의 부적절한 행동에 관심을 기울이기 위해 교사가 수업을 중단하는 일은 결코 일어나지 않는다. 관찰은 지속적으로 이루어져야 하며 모든 아동이 자리에 앉아 교사에게 집중한다면 다른 중재는 필요 없을 것이다.

착석은 가능하나 주의집중 시간이 매우 짧은 아동에게도 점검 전략은 효과적으로 적용될 수 있다. 교사가 특정 아동에게 관심을 기울이지 못할 때 점검자가 조용히 아동의 행동을 강화할 수 있다. 이를테면, 점검자가 아동을 관찰하면서 2분 간격으로 아동의 귀에 대고 조용히 "참 잘 앉아 있는구나." 또는 "손 드는 것을 기억하였구나."라고 속삭여 주는 것이다. 만약 아동이 신체적 애정표현을 좋아한다면 말을 하면서 몸에 살짝 손을 대는 것도 좋다. 만약 아동이 장

시간 잘 앉아 있었는데 교사가 모르고 있다면, 점검자가 교사에게 신호를 보내거나 작은 몸짓으로 아동에 대하여 상기시켜 준다.

효과적인 집단 점검은 보조 인력을 반드시 필요로 한다. 그런데 학급 보조원의 우선순위가 아동들이 활동에 몰두하도록 교사를 돕는 것이 아니라 다음 활동을 준비하는 것이 될 때가 종종 있다. 이러한 경우 교사는 하루 일과의 순서를 한 번 살펴보는 것이 바람직하다. 준비 시간이 더 많이 필요한 활동은 놀이 시간 바로 뒤에 두는 것이 좋다. 그리고 정리하기 2~3분 전에 놀이 영역이나 탁자에서 하는 활동이 종료될 수 있도록 미리 계획하는 것이 낫다. 이렇게 하면 아동이 놀이 영역에 있는 동안 보조원이 다음 활동을 준비할 수 있게 된다. 따라서 아동이 좀 더 구조화된 집단 활동으로 옮겨 가고 참여할 때 보조원은 준비를 갖추고 아동의 행동을 점검하게 된다.

만약 학급 보조원이 없다면, 집단 시간에 시각적 소품(예: 가면, 악기, 작은 인형, 작은 동물)을 제공하고 아동에게 임무(예: 카펫 수집, 노래 선정, 줄반장)를 부여하는 전략이 수업에 집중할 수 있는 탁월한 동기부여가 된다. 사전에 자료들을 미리 준비하는 것이 필수적인데, 아동이 신기한 자료들을 서로 한 번씩 갖고 놀기를 원하면서 적극적으로 수업에 집중하는 것을 목격하는 것 자체가 교사에게는 보상이 될 것이다.

◉ 교실에서 적절한 행동이 하루종일 유지되도록 촉진하는 방법은 어떤 것이 있을까요?

많은 성인이 자신도 모른 채 부적절한 행동에 주의를 기울이기 때문에 이를 오히려 강화하는 함정에 빠진다. 교육자로서 우리의 임무 중 하나는 아동이 독립적이 되도록 교육하는 것이다. 잘못된 행동을 하는 경향을 지닌 아동 주위를 맴돌기만 하는 것은 결코 실질적인 해결책이 될 수 없다. 순향 전략(proactive strategy)으로서 적절한 행동을 격려하도록 노력하여야 한다. 이 전략은 더 나은 행동을 아동이 할 때마다 칭찬(예: "자니, 조용히 잘 앉아 있었어!")을 하거나 실제적인 보상을 제공하는 것이다. 강화를 일과 속에 자연스럽게 녹아들게 만든다. 예를 들어, 학급 친구들이 서로에게 환호성을 지르고 박수를 치거나, 좋아하는 물건이나 장난감을 이용할 수 있거나, 특별한 교실 임무를 맡는 것이다. 아동이 선정한 강력한 강화제를 사용함으로써 부적절한 행동이 극적으로 감소하였음을 보여 주는 연구도 있다

(Mason, McGee, Farmer-
Dougan, & Risley, 1989).
아동이 적절한 행동을 보일
때마다 처음에는 그것이 대
단한 것으로 인정하여 주
고, 점차 강화 횟수를 줄여

나가도록 계획하는 것 또한 중요하다.

　마지막으로, 학기 초에 학급 규칙을 아동에게 체계적으로 지도하면 나중에 문제를 해결하기 위해 시간을 소모하지 않게 된다. 문제가 일어나면 그때서야 규칙에 대해 언급하는 교사들이 더러 있다. 예를 들어, 교실에서 뛰어다니는 아동을 보면 뛰어다니지 말라고 주의를 준다. 이는 순향 전략이 아니라 대응 조치(reactive measure)이다. 긍정적인 어투로 적힌 학급 규칙을 학기 초에 반드시 아동들에

게 가르치고 복습하며 시각적으로 게시하여 아동이 계속해서 상기하도록 한다. 또한 각 규칙에 따른 바람직한 행동을 사진으로 찍어 함께 사용해야 한다(취학 전 유아에게는 3~4개의 학급 규칙이면 충분함). 학기 초에 규칙을 가르칠 때 작은 인형을 이용하여 규칙을 깨는 행동도 연기해 본다. 그러면서 아동은 올바른 행동이 어떠한 것인지 문제해결을 할 수 있게 된다. 또 다른 효과적인 전략은 아동이 기억할 수 있도록 외우기 쉬운 어구나 운(rhyme)을 만들어 규칙을 익히는 것이다. 예를 들면, "학교 안에서는 걷는 발이 멋있어. 바깥 햇볕에서 놀 때는 달려도 좋아."와 같은 것이다.

본 논문에서는 학급환경을 변화시키는 데만 초점을 맞추었지만, 실제로는 아동의 가족과 다른 양육자와의 의사소통을 원활히 해야 전체적인 아동을 이해할 수 있다. 도전적 행동은 가정에서의 잘못된 식습관과 수면습관이 그 원인일 수 있다. 정기적으로 가족과 직접 만나거나 전화통화를 할 기회가 없다면 학교–가정 간의 일지를 교환하여 가정에서의 행동, 식생활, 수면, 약물복용, 가정의 어떤 변화, 또 다른 주요 문제들을 다루는 것이 바람직하다. 또한 일지는 훗날의 참고자료가 될 수 있고, 행동양식을 파악하는 데 중요한 정보가 기록된 문서가 된다.

요 약

연구에 따르면, 철저하게 관리되는 학급은 아동의 행동과 기능에 상당한 영향을 미친다(Bailey, Harms, & Clifford, 1983; Dunst,

McWilliam, & Holbert, 1986; Twardosz, 1984). 환경은 교사, 보조원 그리고 다른 팀 구성원의 노력을 촉진할 수도, 반대로 감소시킬 수도 있다. 교실은 학습을 지원할 뿐만 아니라 도전적 행동을 미리 막을 수 있도록 구성되어야 한다. 학급의 물리적 환경과 교수적 환경은 학기 중 여러 차례 재검토하는 것이 좋다. 이렇게 할 수 있는 한 가지 방법이 〈표 2〉에 제시되어 있는데, 이는 일종의 자기-평가(self-evaluation) 도구다.

어떠한 전략이든, 한 가지 환경적 전략으로 잘못된 행동을 예방하기에는 부족하다. 특히 아동이 심각한 도전적 행동을 보일 경우에는 더욱 그러하다. 따라서 사건이 일어난 이후에 대응하는 것보다 사전에 여러 전략을 일관성 있게 적용하는 것이 훨씬 더 능률적이며 효과적인 접근이다. 도전적인 행동(예: 때리기, 물기, 불복종) 중의 일부는 학급환경의 범위를 벗어난 요인에 의해 영향을 받음을 우리는 잘 알고 있다. 문제행동이 일어난 이후에 반응하는 접근에 대한 정보는 『자폐증을 지닌 유아를 위한 행동적 지원 시범(A demonstration of behavioral support for young children with autism)』(Dunlap & Fox, 1999)을 참고하기 바란다.

〈표 2〉 학급 조직 및 계획

5 = 최상 / 3 = 보통 / 1 = 미흡

1. 흥미를 끌도록 학급을 조직하고 유지한다.　　　5　4　3　2　1
   □ 의욕을 북돋우며 정돈된 환경을 유지한다.
   □ 실내 청소와 장난감 청소를 정기적으로 한다.
   □ 개별 흥미 영역을 만들어 유지한다(예: 감각 탁자[sensory table], 미술, 블록 등).
   □ 아동들의 미술작품을 전시한다.
   □ 필요시, 산만하게 만드는 자극을 줄이거나 제거한다.

2. 체계적인 하루 일과표를 유지한다.　　　　　　5　4　3　2　1
   □ 일과가 정돈되게 예측할 수 있는 순서로 진행된다.
   □ 활동 지속 시간을 계획할 때 아동의 주의집중력과 능력을 고려한다.
   □ 직원, 부모, 외부인이 볼 수 있는 곳에 일과표를 게시한다.
   □ 예측 가능하게 일과표를 따르지만 융통성의 여지를 둔다.
   □ 균형적인 활동을 제공한다(활동적/차분한, 교수 주도/아동 주도, 개별/소집단/대집단).
   □ 전이를 효과적으로 계획하고 이동한다: 대기 시간은 최소화한다.
   □ 전이에 대비한다: 필요시 아동에게 도움을 제공하고, 전이가 다가옴을 충분히 알린다.

3. 자립심을 키우는 방향으로 환경과 일과를 조정한다.　5　4　3　2　1
   □ 개별 흥미 영역을 만들고 유지한다(예: 감각 탁자, 미술, 블록 등).
   □ 낮은 가구를 이용하여 놀이 영역을 구분하고 주의산만을 줄인다.
   □ 스스로 정리할 수 있도록 자료의 사진을 선반에 붙여 둔다.
   □ 아동이 쉽게 접근할 수 있도록 낮은 선반에 자료를 배치한다.
   □ 아동이 놀이 영역을 선택하고 옮겨 다닐 수 있는 체계를 갖춘다(이름표, 목걸이, 빨래집게 등).
   □ 일상활동 내에 예측되는 순서를 집어넣는다(예: 대집단 시간은 인사 노래, 주제 소개, 놀이 영역 선정 순서로 진행).

4. 단원의 주제를 쉽게 파악할 수 있게 계획한다.　　5　4　3　2　1
   □ 아동의 흥미와 능력을 반영하는 주제를 선정한다.
   □ 대집단 활동 시에 주제를 소개하고 토론한다.

□ 주제를 놀이 영역에 창의적으로 통합하고 삽입한다.
□ 주제와 관련 있는 자료를 교실에 가져 온다.
□ 무료로 제공되는 활동과 경험을 계획한다.

5. 팀워크를 강조한다.   5 4 3 2 1
□ 아이디어를 교환하고 함께 관찰하며, 새로운 전략에 대하여 토론한다.
□ 일과가 매끄럽게 흘러갈 수 있도록 역할과 책임을 명확하게 설명한다.
□ 주제와 활동을 계획할 때 팀 전체가 만난다(일반교사, 특수교사 함께).
□ 교직원의 임무를 매주 게시하여 모든 교직원이 학급에 공동책임을 지
며 이를 위하여 무엇을 해야 하는지에 대해 명확하게 알린다.
□ 아동의 요구, 관심, 프로그램 목적에 대하여 모든 구성원과 정보를 공
유한다.

Quality Program Guidelines, by D.T. Watson & LEAP Outreach, 1998.
승낙을 받고 게재함.

참고문헌 ☀

Bailey, D. B., Harms, T., & Clifford, R. M. (1983). Matching changes in preschool environments to desired changes in child behavior. *Journal of the Division for Early Childhood, 7*, 61-68.

Dodge, D. T., & Colker, L. J. (1996). *The creative curriculum*(4th ed.). Washington, DC: Teaching Strategies, Inc.

Dunlap, G., & Fox, L. (1999). A demonstration of behavioral support for young children with autism, *Journal of Applied Behavior Analysis, 1*, 77-87.

Dunst, C. J., McWilliam, R. A., & Holbert, K. (1986). Assessment of the preschool classroom environment. *Diagnostique, 11*, 212-232.

New York: Pergamon.

Grandin, T. (1995). *Thinking in pictures*. New York: Random House, Inc.

Krantz, P., & Risley, T. R. (1977). Behavioral ecology in the classroom. In K. D. O'Leary & S. G. O'Leary (Eds.), *Classroom management: The successful use of behavior modification* (2nd ed.) (pp. 349-367). New York: Pergamon.

Mason, S. A., McGee, G. G., Farmer-Dougan, V,, & Risley T. R. (1989). A practical strategy for ongoing reinforcer assessment. *Journal of Applied Behavior Analysis, 22*, 171-179.

McGee, G. G., Daly, T., Izeman, S. G., Mann, L. H., & Risley, T. R. (1991). Use of classroom materials to promote preschool engagement. *Teaching Exceptional Children, 23*, 44-47.

Strain, P. S., Kohler, F., Storey, K., & Danko, C. D. (1994). Teaching preschoolers with autism to self-monitor their social interactions: An analysis of results in home and school settings. *Journal of Emotional and Behavioral Disorders, 2*, 78-88.

Twardosz, S. (1984). Environmental organization: The physical, social, and programmatic context of behavior. In M. Hersen, R. M. Eisler, & P. M. Miller (Eds.), *Progress in behavior modification* (Vol. 18, pp. 123-161). New York: Academic Press.

Whaley, K. T., & Bennet, T. C. (1991). Promoting engagement in early childhood special education. *Teaching Exceptional Children, 23*, 51-54.

THE DIVISION FOR EARLY CHILDHOOD

도전적 행동 판별 및 중재에 관한 DEC 개념서

1999년 10월 4일 채택되었으며,
1999년 11월 미국유아교육학회의 지지를 받음

많은 유아들이 초기 발달과정에서 도전적 행동을 보이며, 이들 중 다수는 발달에 적합한 관리 기법으로 나아진다.

장애의 여부를 떠나 많은 유아들은 어른들이 도전적 행동이라고 부르는 행동을 보인다. 이러한 행동은 때로 오래 지속되지 않고 연령이 증가함에 따라 사라지기도 하고 적절한 지도 전략에 의해 감소되기도 한다. 어떤 사람에게 도전적인 행동이 다른 사람에게는 전혀 도전적으로 여겨지지 않을 수도 있다. 따라서 전문가는 각 가정, 문화적 집단 및 공동체에서 유아의 적절한 행동과 부적절한 행동을 어떻게 정의하는지에 대해 잘 알고 이에 민감하여야 한다. 공동체마다 아동의 행동에 대한 기대치는 상당히 다양하다. 따라서 전문가는 문제를 파악하고 중재를 계획하는 데 있어서 가족, 문화, 공동체가 지니는 기대치를 반드시 존중하여야 한다. 그러나 때로 가족이나 전문가가 유아의 행동에 대해 부적절한 기대를 하는 경우가 있다. 특정 연령집단에서 일반적인 행동이 어떠한 것인지를 먼저 이해하는 것이 중요하다. 예를 들면, 유아는 좀 더 성장하면 하지 않을 행동, 즉 장난감을 던지거나 아주 짧은 시간 동안만 가만히 앉아 있을 수 있는 행동을 보인다는 사실을 이해할 필요가 있다. 지도를 하고 가르치면 대부분의 아동은 적절한 대안행동을 학습하게 된다. 성인은 또한 자신이 특정 행동(예: 욕하기 또는 타인을 다치게 함)에 대해 어떤 신념과 정서를 갖고 있는지도 잘 알고 있어야 아동의 행동에 객관적으로 반응할 수 있다. 요약하면, 도전적 행동을 확인할 때는 아동이 속한 문화와 공동체의 신념을 살펴보고, 발달에 적합한 기대치를 고려하고, 전문가 자신이 그 행동에 대해 어떠한 믿음을 갖고 있는지를 정확하게 파악하여 결정하여야 한다.

유감스럽게도, 성인이 잘 살피고 적절한 지도전략을 사용하였음에도 불구하고 어떤 아동의 도전적 행동은 효과적으로 다루어지지 않을 때가 있다. 이러한 아동에게 도전적 행동은 자신이나 다른 사람에게 상해를 입히거나, 물리적 환경 손상을 가져오고, 새로운 기술 습득을 방해하거나 자신을 사회적으로 격리시키는 결과를 낳는다(Doss & Reichle, 1989; Kaiser & Rasminsky, 1999). 이러한 도전적 행동은 체계적인 중재 없이는 쉽게 바뀌지 않는 행동임이 분명하다(Kazdin, 1987; Olweus, 1979; Wahler & Dumas, 1986). 이와 관련하여, 만성적이면서 매우 도전적인 행동을 보이는 유아가 시간이 경과함에 따라 차츰 더 심하게 도전적 행동을 나타내는 단계로 접어든다는 증거가 갈수록 늘어나고 있다(Patterson & Bank, 1989; Reid, 1993). 심각한 도전적 행동을 보이는 아동에게 이용 가능한 중재는 어떤 것이 있는가?

◉ DEC는 도전적 행동을 다룰 수 있는 서비스와 중재 전략이 아주 많다고 분명하게 믿고 있다.

성인의 행동을 바꿈으로써 제거할 수 있는 도전적 행동도 상당히 많다. 성인의 관심이 부족하거나 성인의 기대치가 비현실적이기 때문에 아동이 이에 대한 반응으로 도전적 행동을 할 가능성도 있다. 성인의 행동을 변화시킴으로써 아동이 도전적 행동을 할 필요가 없도록 예방할 수 있다. 예방은 중재의 가장 좋은 형태다(Poulsen, 1993; Zirpoli & Melloy, 1993). 예방은 시간과 비용 측면에서 능률적이며, 가장 큰 장점은 도전적 행동의 발생을 단순히 감소시키는 것이 아니라 제거할 수 있다는 것이다(Strain, Steele, Ellis, & Timm, 1982). 예방이란 아동 삶에서 중요한 성인이 아동의 도전적 행동 유지와 관련될 만한 자신의 행동, 즉 교실, 가정, 지역사회 환경에서의 성인의 행동을 살펴보아야 한다는 의미다(McEvoy, Fox, & Rosenberg, 1991; Strain & Hemmeter, 1997). 예를 들면, 다음과 같다. 2세 영아에게 집단 시간 30분 동안 쭉 앉아 있기를 기대하는가? 유아가 소리지를 때마다 과자를 주고 있는가? 지금까지 유아의 도전적 행동에 효과적으로 적용된 예방전략은 부모가 가정에서 행동관리 기술을 사용하도록 부모를 체계적으로 교육하고(Timm, 1993), 프로그램과 가정이 협력하여 아동에게 적절한 대안행동을 가르친 것으로 나타난다(Walker, Stiller, & Golly, 1998).

대부분의 도전적 행동의 특성을 볼 때, 적절한 행동을 학습할 가능성을 높이도록 가정과 유아교육환경에 포함시킬 수 있는 다양한 보충 서비스가 상당히 있다고 믿는다. 다양한 중재전략이 형식적 또는 비형식적 지원으로 실시될 수 있다. 이러한 서비스와 전략은 다음과 같으나, 꼭 이것에 국한되지는 않는다. ① 도전적 행동을 예방하고 모든 아동이 적절한 행동을 학습할 수 있도록 환경과 활동을 설계한다, ② 도전적 행동의 기능과 양식을 모두 다루면서 긍정적인 접근을 하는 효과적 행동중재를 사용한다, ③ 유아가 자신의 환경에서 적절한 행동을 학습할 수 있도록 교육과정을 수정하고 보완전략을 채택한다, ④ 외부 상담과 기술 지원(technical assistance)을 제공하거나 인적 지원(예: 적합한 유아특수교사)을 추가한다. 부가적으로, 개별화교육프로그램(IEP)이나 개별화가족서비스계획(IFSP) 실시와 관련된 모든 전문가는 예방과 중재 프로그램을 효과적으로 실시하는 데 필요한 지식과 기술을 익히는 기회를 가져야 한다.

가족구성원과 전문가는 도전적 행동을 확인하고, 그 행동이 일어나는 환경을 평가하며, 중재를 설계하는 과정에 협력하여야 한다. 이때 중재는 현실적으로 실시 가능한 것이어야 하고, 경험적으로 확인된 것이어야 한다. 유아의 도전적 행동을 감소시키는 중재로서 경험적으로 입증된 중재(empirically validated interventions)는 사실상 수십 가지가 된다. 효과적인 중재는 다음과 같은 특성을 포함한다.

포괄적(Comprehensive) 특성   도전적 행동을 만족스럽게 변화시키는 데 한 가지 전략만으로 충분하지 않은 경우가 많으므로 포괄

114

적 접근이 강력히 추천된다. 이를테면, 유치원 교사가 '공유하기'를 가르친다면 다음과 같은 전략을 모두 포함하는 포괄적 중재 패키지가 한 가지 전략만을 사용하는 것보다 더 나은 결과를 가져올 것이다. ① 활동 조정-아침 이야기 나누기 시간과 동화 시간의 일부를 이용하여 공유 기술을 가르친다. ② 학급 규칙 연습-학급 규칙에 공유하기를 추가하고 전이 때마다 그 직전에 모든 규칙을 상기시킨다. ③ 대안행동 역할놀이-예방적 관점에서, 아침 이야기 나누기 시간의 후반과 동화 시간의 초반에 모든 아동이 공유하기와 나머지 학급 규칙을 연습할 기회를 갖는다. 중재적 관점에서는, 장난감을 사이에 두고 승강이가 일어났을 때 양쪽 아동이 적절한 공유기술을 연습할 수 있는 기회로 삼는다. ④ 또래시범/바람직한 행동 강화-공유하기를 포함하여 학급 규칙을 아동이 지키는 것을 하루에 수차례 발견할 수 있다. 이때 공유하기가 관찰되면, 교사가 매우 긍정적인 어투로 모두가 다 들을 수 있게 지금 누가 공유하고 있으며 어떻게 공유하고 있는가를 언급한다.

개별화(Individualized)   중재 프로그램의 다른 모든 영역과 마찬가지로 개별화 또한 도전적 행동에 성공적으로 대처하는 열쇠가 된다. 도전적 행동에 대한 간단한 공식 접근(simple formula approach)(예: 샐리가 이러한 행동을 하면, 나는 이런 행동을 한다)이 굉장히 매력적으로 여겨지지만, 실제로 이러한 접근은 결국 실패하게 마련이다. 아동이 똑같은 도전적 행동(예: 고함 지르기)을 하더라도 그 행동을 하는 이유는 서로 근원적으로 다르다는 사실과, 똑같은 이유이지만 완전히 다른 도전적 행동(예: 도망가기, 또래 때리기)을 한다는 사실은 여러 연구에서 이미 밝혀졌다(Carr & Durand, 1985). 그러므로 개별 아동과 구체적인 행동의 수준을 고려하여 도전적 행동의 예상 가능한 동기나 기능을 알아내는 것이 매우 중요하다. 예를 들면, 아동이 소리 지르며 우는 것은 관심을 얻고자 하는 이유 때문에, 아니면 자신에게 요구하는 뭔가를 하고 싶지 않기 때문에 그럴 수 있다. 행동의 형태(form)는 우는 것이다. 그러나 여기서 언급한 기능(function)은 두 가지(관심과 회피)이므로 서로 다른 중재가 필요할 수 있다. 중재를 선택할 때 어떤 행동(행동의 형태)인지와 왜 그 행동을 하는지(행동의 기능)를 평가하는 것이 매우 중요하다(도전적 행동의 구체적인 의사소통적 의도나 기능을 확인하는 구체적인 방법을 알려면 O'Neill, Horner, Albin, Storey, & Sprague(1990)를 참조). 평가 과정이 일단 완성되면, 개별화된 전략이 개발되고 실시될 수 있다.

긍정적 프로그래밍(Positive Programming)   도전적 행동은 양육자와 부모로부터 강한 감정적 반응을 일으키고 때로는 부모와 교사가 경솔한 선택을 하게 만들므로, 프로그램을 짤 때 긍정적 측면에 초점을 맞추는 것이 매우 중요하다(Neilson, Olive, Donovan, & McEvoy, 1998). 긍정적인 프로그래밍이란, ① 적절한 사회적 기술을 가르치기(예: 놀이집단에 들어가기), ② 아동 자신의 행동을 자기─평가하고 자기─점검하도록 가르치기(예: 내가 좋은 말을 쓰고 있는가?), ③ 도전적 행동에 대한 구체적인 대안행동을 가르치기(예: 정리 시간에 화를 내는 아동에게 더 놀고 싶다라는 신호를 하거나 말로 하도록 가르치기) 등이다. 이렇게 긍정적 교수에 초점을 맞추는 것은 최근 들어 널리 수용되고 경험적으로 확인된 사실, 즉 많은 도전적 행동의 직접적 원인이 사회성과 의사소통 영역의 기술 결여라는 사실을 반영한다.

다학문적(Multi-Disciplinary) 특성   어떤 아동의 도전적 행동은 여러 학문의 전문적 지식을 요한다. 유아특수교육 교사, 유아교육 교사, 심리사(psychologist)가 주로 한 팀의 구성원이 된다. 만약에 도전적 행동의 원인으로서 신경생물학적 요인이 의심되는 복합적인 상황이라면 소아과, 신경과, 아동정신과 의사 등이 팀에 참여할 수 있다(Hirshberg, 1997/1998). 언어적 어려움의 결과로 도전적 행동을 보이는 것이라면 언어치료사가 팀의 핵심적 구성원이 된다. 따라서 팀 접근의 역할은 매우 중요하다. 심각한 도전적 행동을 한 가지 교육적 중재로 관리하는 것이 거의 불가능하듯이, 마찬가지로 생의학적, 약리학적 또는 다른 유형의 단일 중재만으로 성공을 거두는 것은 거의 불가능하다.

자료에 근거한(Data-based) 특성   어떠한 중재계획이라도 성공을 거두려면 신뢰성이 높고 실행 가능하며 유용성 있는 자료 수집 체계를 갖추어야 한다(Kaiser & Rasminsky, 1999). 자료 수집은 특히 도전적 행동과 관련하여 많은 목적을 지닐 수 있다. 앞서 언급하였듯이, 아동의 도전적 행동은 가끔 성인의 강한 정서적 반응을 일으킨다. 이러한 반응은 도전적 행동의 빈도나 심각성에 대해 성인이 객관적으로 판단하기 어렵게 만들고 도전적 행동과 관련하여 아동의 진보를 올바르게 인식하는 것도 방해할 수 있다. 예를 들면, 부모 혹은 교사는 한 남자 아동이 침을 뱉는 행동을 감소시키기 위해서

애쓰고 있다. 아동은 기분 좋을 때, 당황하였을 때, 화가 났을 때, 꽉 안겼을 때, 꾸중을 들었을 때에 침을 뱉는다. 행동 관련 상담원이 얼마나 자주 침을 뱉느냐고 물을 때, 부모 혹은 교사의 응답은 "항상 뱉는다."였다. 사실상, 아동은 하루에 70~100번 정도 침을 뱉는 것으로 관찰되었으며, 다른 방법으로 관찰하였을 때, 즉 4시간의 관찰 동안 침 뱉는 시간은 2분보다 적은 것으로 나타났다. 이러한 정도의 침 뱉기가 성인에게는 항상 침을 뱉는 것으로 느껴지는 것이다. 그러나 실제로 자료를 수집하여 보면 실제 빈도와 또 다른 중요한 사실들을 확인할 수 있다. 다시 말해서, 자료를 수집함으로써 우리는 도전적 행동의 빈도를 확인할 수 있으며, 도전적 행동을 지원하는 배경 요인들을 파악할 수 있고, 도전적 행동 발생을 줄이려면 어떤 환경적 변화가 필요한지를 이해할 수 있게 된다. 그 밖에 자료 수집은 중재나 환경적 변화가 아동의 행동에 어느 정도 긍정적인 효과를 미치는지를 결정하는 데 도움이 된다. 최종적으로, 자료 수집 체계가 정확하게 설계된다면, 이 체계를 사용함으로써 여러 환경에서 아동과 접촉하는 모든 성인이 일관된 방법으로 아동의 도전적 행동에 대처할 가능성이 높아진다.

DEC는 도전적 행동에 대한 효과적 중재를 설계하고 실행하는 데 있어서 가족이 결정적인 역할을 한다고 믿고 있다.

유아교육은 가족중심적 특징을 지녔으므로 도전적 행동 대처에 가족이 중심 역할을 하는 것은 당연하다. 도전적 행동은 대개 장소, 사람, 시간에 걸쳐서 발생한다. 따라서 가족이 중재 팀의 핵심 구성원이 되어야 한다. 중재를 효과적이고 능률적으로 만들고 아동과 가족의 요구와 강점을 확실하게 다루려면 가족구성원과 전문가 사이의 협력이 필수적이다. 도전적 행동의 확인, 가능한 중재, 배치 그리고 지속적인 평가 등과 관련한 모든 의사결정은 가족과 함께 이루어져야 하며, 이는 개별화교육프로그램, 개별화가족서비스계획, 또는 기타 팀 의사결정 과정을 통해 이루어진다.

아동의 문제행동을 가족의 책임으로 전가하는 경우가 종종 있다. 품행에 문제가 있는 유아의 가족과 관련한 문헌들을 광범위하게 재검토한 Webster-Stratton(1997)은 우울증, 물질 남용, 공격성, 반사회적 행동, 심한 부부갈등, 편협성, 무능한 양육기술 등을 포함한 특정한 부모/가족 요인이 아동의 행동문제와 관련이 있는 것으로 여겨진다고 주장하였다. 그러나 다른 요인들, 예를 들면, 아동의 생리학적/신경학적/신경심리학적 속성, 의사소통 능력, 사회적 문제해결 기술 결함, 가족 빈곤, 학교환경 특성 같은 요인들 또한 아동의 도전적 행동의 여부와 직접적인 연관이 있다고 많은 연구에서 증명하였음을 Webster-Stratton은 인용하였다. 또한 문제행동을 형성하고 지속하게 만드는 것은 바로 위험요인들 사이의 복잡한 상호작용이라는 사실이 문헌연구에서 밝혀졌다.

아동의 도전적 행동 형성에 가족이 직접적으로 기여할 수도 그렇지 않을 수도 있지만, 가족구성원이 그 행동에 영향을 상당히 받는 것은 분명하다. Webster-Stratton(1997)에 따르면, 심각한 문제행동을 보이는 아동의 가족이 전형적인 발달을 보이는 아동의 가족에 비하여 두드러진 스트레스 요인이 2~4배 더 많다. 예를 들면, 아동이 짜증을 내고, 폭발하고, 잘못된 행동을 할 때마다 아동의 가족구성원은 자신들이 원하지 않음에도 불구하고 주위로부터 너무나 많은 조언을 듣게 된다. 또한 이웃의 다른 가족들이 즐기는 활동을 자신들은 하기가 어렵거나, 하더라도 아동의 행동 때문에 위험이 따를 수 있다. 따라서 이웃으로부터 고립되고 소외된 생활이 삶의 일부가 된다.

앞서 설명하였듯이, 도전적인 행동을 하는 아동의 가족은 자신들이 지닌 구체적인 요구에 적합한 다양한 중재서비스에 접근할 수 있어야 한다. Nicholas Hobbs(1982)는 "문제를 어떻게 정의하느냐가 그 문제를 해결하는 데 사용되는 전략을 결정한다."(p. 182)라고 주장하였다. 만약에 다수의 연구자, 정책 입안자, 교육 종사자들이 대부분의 도전적 행동 발생 근원이 부모에게 있다고 확신한다면, 서비스도 이에 맞추어 구성될 것임은 분명하다. 그러나 도전적 행동 발생이 전혀 부모 탓이 아닐지라도, 도전적 행동과 관련한 전문가들의 신념 차이가 부모로 하여금 이에 못지않은 어려움을 겪게 할 수 있다. 정신약리학적 중재(psychopharmacological intervention) 대 행동적 중재(behavioral intervention), 동종요법 치료(homeopathic treatment) 대 전통적인 의학 치료(traditional medical treatment), 가족중심 접근(family-centered approach) 대 아동중심 접근(child-centered approach), 센터중심 서비스 전달체계(center-based service delivery system) 대 가정중심 서비스 전달체계(home-based service delivery system) 등 서로 다른 주장은 부모에게 단편적인 정보를 제공하여 부모를 당혹스럽게 하며 선택을 어렵게 만든다. 도전적 행동을 보이는 아동을 둔 많은 가정의 경험담을 들어보면, 엇갈리는 진단들, 전문가 간의 의견충돌에 의한 분쟁, 비싼 값을 치른 실수 등 너무나 놀라운 이야기들이 많다. 어떤 아동의 문제행동은 생리학적 요인에 의해 즉시 조절되는 경우도 있다. 또 어떤 경우, 환경적, 교육과정적 또는 행동적 중재에 잘 반응하기 위해서는 우선 적절한 정신약리학적 치료가 필요한 아동도 있다. 그러므로 앞서 언급하였듯이, 전문가는 가족에게 적절한 자원이 될 수 있는 다양한 전문 영역과 서비스에 대하여 알고 있어야 한다(Reichle, McEvoy, Davis, Feeley, Johnson, & Wolff, 1996). 모든 전문가는 가족이 여러 접근과 여러 선택사항에 대하여 고려할 수 있도록 가족에게 정확한 정보와 지원을 제공할 기본 의무를 지닌다.

끝으로, 가족은 협력자를 필요로 한다. Dunst, Trivette, Deal (1988)의 제안에 따르면, 부모와 조기중재 전문가가 함께 일하는 관계란 "단순히 가족의 요구에 맞추느냐 안 맞추느냐의 문제가 아니라 가족의 요구에 맞추는 방법이 가족의 능력을 강화하고 가족이 힘을 키우도록 하느냐 하는 것이다."(p. 4) 도전적 행동을 보이는 아동을 둔 부모는 때로 아동, 가족구성원 그리고 자기 자신에 대하여 좌절감을 느낀다. 이때 부모를 이해하고 지지하는 전문가가 옆에 있다면 그 영향은 매우 크고 긍정적일 것이다. 부모는 자신이 이용할 수 있는 효과적인 도구를 필요로 하고, 적절한 지원 자원과 자신 및 자녀가 받아들여지고 있다는 확신을 필요로 한다.

전문가와 가족은 아동의 행동을 신중하게 평가해야 한다. 긍정적인 행동을 촉진하고 도전적 행동을 예방하는 데 초점을 맞추어야 한다. 도전적 행동을 적절하게 판별하기 위해서는 아동이 속한 문화와 지역사회의 신념을 고려하고, 발달상 적절한 기대치를 생각하며, 성인 자신이 행동에 대해 어떤 신념을 갖고 있는지 잘 검토하여야 한다. 중재가 필요하다면, 중재는 발달적으로, 개별적으로, 그리고 문화적으로 적절한 것이어야 한다. 중재는 또한 포괄적이고 개별화되어야 하며, 긍정적이고 다학문적 접근을 해야 하며, 가족을 모든 결정, 즉 중재전략과 서비스를 계획하고 실시하는 과정에서의 모든 결정에 핵심 구성원으로 여겨야 한다.

주

본 개념서(concept paper)는 다음과 같은 DEC 회원들의 업적이다. Linda Brault, Judy Carta, Mary Louise Hemmeter, Mary McEvoy, Shelley Neilsen, Beth Rous, Barbara Smith, Phil Strain 및 Matt Timm.

참고문헌

Carr, E. G., & Durand, V. M. (1985). Reducing problem behaviors through functional communication training. *Journal of Applied Behavior Analysis, 18,* 111-126.

Doss, L. S., & Reichle, J. (1989). Establishing communicative alternatives to the emissions of socially motivated excess behavior: A review. *Journal of the Association for Persons with Severe Handicaps, 14,* 101-112.

Dunst, C., Trivette, C., & Deal, A. (1988). *Enabling and empowering parents.* Cambridge, MA: Brookline Books.

Hirshberg, L. M. (1997/1998). Infant mental health consultation to early intervention programs. *Zero to Three, 18*(3), 19-23.

Hobbs, N. (1982). *The troubled and troubling child.* San Francisco: Jossey-Bass.

Kazdin, A. (1987). *Conduct disorders in childhood.* Newbury Park, CA: Sage.

Kaiser, B., & Rasminsky, J. S. (1999). *Meeting the challenge: Effective strategies for challenging behaviors in early childhood environments.* Washington, DC: NAEYC

McEvoy, M. A., Fox, J. J., & Rosenberg, M. S. (1991). Organizing preschool environments: Effects on the behavior of preschool children with handicaps. *Education and Treatment of Children, 14,* 18-28.

Neilson, S., Olive, M., Donovan, A., & McEvoy, M. (1998). Challenging behavior in your classroom? Don't react, teach instead! *Young Exceptional Children, 2*(1), 2-10.

Olweus, D. (1979). Stability of aggressive reaction patterns in males: A review. *Psychological Bulletin, 86,* 852-875.

O'Neill, R. E., Horner, R. H., Albin, R. W, Storey, K., & Sprague, J. R. (1990). *Functional analysis: A practical assessment guide.* Pacific Grove, CA: Brooks/Cole.

Patterson, G. R., & Bank, L. (1989). Some amplifying mechanisms for pathological processes in families. In M. R. Gunnar & E. Thelen (Eds.), *Systems and development: The Minnesota symposia on child psychology,* (Vol. 22, pp. 167-209). Hillsdale, NJ: Erlbaum.

Poulsen, M. K. (1993). Strategies for building resilience in infants and young children at risk. *Infants and Young Children, 6*(2), 29-40.

Reichle, J., McEvoy, M., Davis, C., Feeley, K., Johnston, S., & Wolff, K. (1996). Coordinating preservice and inservice training of early interventionists to serve preschoolers who engage in challenging behavior. In R. Koegel, L. Koegel, & G. Dunlap. (Eds), *Positive behavioral support* (pp. 227-264). Baltimore, MD: Paul H. Brookes.

Reid, J. (1993). Prevention of conduct disorder before and after school entry: Relating interventions to developmental findings. *Development and Psychopathology, 5*, 243-262.

Strain, P. S., & Hemmeter, M. L. (1997). Keys to being successful when confronted with challenging behaviors. *Young Exceptional Children, 1*(1), 2-9.

Strain, P. S., Steele, P., Ellis, T., & Timm, M. A. (1982). Long-term effects of oppositional child treatment with mothers as therapists and therapists trainers. *Journal of Applied Behavior Analysis, 15*, 163-169.

Timm, M. A. (1993). The regional intervention program. *Behavioral Disorders, 19*, 34-43.

Wahler, R., & Dumas, J. E. (1986). "A chip off the old block": Some interpersonal characteristics of coercive children across generations. In P. Strain, M. Guralnick, & H. M. Walker (Eds.), *Children's social behavior: Development, assessment and modification* (pp. 49-91). Orlando, FL: Academic Press.

Walker, H. M., Stiller, B., & Golly, A. (1998). First step to success. *Young Exceptional Children, 1*, 2-7.

Webster-Stratton (1997). Early intervention for families of preschool children with conduct problems. In M. Guralnick (Ed.), *The effectivenesss of early interventions* (pp. 429-453). Baltimore, MD: Paul H. Brookes.

Webster-Stratton (1990). Stress: A potential disruptor of parent perceptions and family interactions. *Journal of Clinical Child Psychology, 19*, 302-312.

Zirpoli, T. J., & Melloy, K. J. (1993). *Behavior management: Applications for teacher and parents.* New York: Merrill.

도전적 행동을 보이는 아동지도에 관련하여 추가적인 자원을 소개한다. 개인적으로 부담없이 구입할 수 있는 것도 많고 기관이나 학교 차원에서 구입하기에 적합한 고가의 자원도 다양하게 있다.

Gail E. Joseph, M.Ed., University of Washington

Camille Catlett, M.A., University of North Carolina

at Chapel Hill

책

▶ 폭발적인 아동: 쉽게 좌절하고 매우 완고한 아동을 이해하고 양육하기 위한 새로운 접근(The Explosive Child: A New Approach for Understanding and Parenting Easily Frustrated, "Chronically Inflexible" Children)

by R. W. Greene

하버드 의과대학 및 매사추세츠 종합병원에 근무하는 아동심리사 Greene 박사는 이 책에서 뇌과학 연구에 기초하여 완고하고—폭발적인(inflexible-explosive) 행동을 일으키는 요인을 설명하고 대부분의 아동에게 효과적인 전략이 왜 이 아동에게는 효과가 없는지에 대하여 설명하고 있다. 자신이 수년간 담당한 아동, 부모 및 교사의 생활에 관한 사례(vignettes)를 이용하여, 저자는 가정과 학교에서 사용할 수 있는 것으로서 민감하면서 실제적이고 효과적이면서 체계적인 접근을 제시하고 있다. 이 책은 아동의 어려움에 대처하는 교사나 부모가 자신감을 회복하고 낙관적인 태도를 가질 수 있도록 도움을 제공한다.

(출판사: New York: Harper Collins)

▶ 문제행동에 관한 기능적 평가와 프로그램 개발: 실제적 안내서 (Functional Assessment and Program Development for Problem Behavior: A Practical Handbook)

by R. E. O'Neill, R. H. Horner, R. W. Albin, K. Storey, & J. R. Sprague

이 책은 기능적 평가 절차에 관한 지침서로서 문제행동 상황을 평가하는 다양한 전략을 소개하고, 평가결과에 따라 행동지원 프로그램을 설계하는 체계적인 접근을 제시하고 있다.

(출판사: Pacific Grove, CA: Wadworth Publishing)

▶ 놀라운 시기: 3∼8세 아동 부모를 위한 문제해결 지침서(The Incredible Years: A Trouble-Shooting Guide for Parents of Children Aged 3-8)

by C. Webster-Stratton

이 책은 실례로 제시한 일상생활 속의 문제상황과 이에 대처하는 단계적인 제안들로 구성된 실제적인 지침서다. 본 지침서는 저자가 12년간 1,000명 이상의 가족을 대상으로 수행한 구체적인 연구에 근거하며, 아동심리사, 교사, 부모로서의 저자의 개인적 경험에 바탕을 둔 책이다. 독자는 책을 통해 자신의 분노와 좌절을 조절하는 방법, 불복종, 거짓말, TV 중독, 야뇨증, 도벽 등과 같은 구체적인 문제행동에 대처하는 방법, 아동과 놀이하는 방법, 바람직한 행동을 촉진하기 위한 칭찬 및 보상 방법, 아동과 효과적으로 의사소통하는 방법 등에 관한 저자의 조언을 읽을 수 있다. 이 책은 테이프로도 구입할 수 있다. (출판사: Toronto, Canada: Umbrella Press; 저자의 다른 자원이 궁금하다면 http:/www.incredibleyears.com.htm을 참조)

▶ 도전에 대처하기: 유아기 환경에서의 도전적 행동에 대한 효과적 전략(Meeting the Challenge: Effective Strategies for Challenging Behaviors in Early Childhood Environments)

by B. Kaiser & J. S. Rasminsky

경험이 많은 현장전문가일지라도 매우 도전적인 행동을 보이는 아동을 성공적으로 지도하기 위해서는 이 책이 제공하는 전략들에서 도움을 얻을 것이다. 이 책은 이해하기 쉬운 아이디어들을 제공하고 다양한 상황에서 일어나는 도전적 행동 관리에 효과적인 것으로 증명된 방법들을 제공하고 있다.

(출판사: Ottawa, Cananda: Canadian Child Care Federation. NAEYC에서 구입 가능)

▶ 유치원에서의 행동문제 해결을 위한 실제적 지침서(Practical Guide to Solving Preschool Behavior Problems (4th Ed.))

by E. L. Essa

이 책은 행동문제를 보이는 유아를 지도하는 데 필요한 정보를 매우 쉽게 제시하고 있으며, 장애아동과 특별한 요구를 지닌 아동에게도 초점을 맞추고 있다. 40가지 이상의 행동문제를 사례와 함께 설명함으로써 각각의 구체적인 문제에 따른 접근을 독자가 정확하게 파악할 수 있도록 한다.

(출판사: New York: Delmar.)

▶ 도전적 행동을 보이는 아동지원: 관계가 핵심이다(Supporting Children With Challenging Behaviors: Relationships Are Key)

이 책은 헤드 스타트 교사, 가정방문자, 가족서비스 종사자, 헤드 스타트 스태프, 상담자 등을 위한 훈련 지침서로서 자신들이 실제로 행하는 바를 꼼꼼히 살펴보는 과정과 함께 어려움을 겪는 상황을 평가하고 협력적 문제해결을 통해 중재를 설계하는 방법을 소개하고 있다. 교실상황의 사례와 함께 제시되는 효과적 전략은 교사가 이미 알고 있는 것과 발달에 적합한 실제를 통합한 것이다.

(출판사: Washington, DC: U.S. Government Printing Office.)

▶ 고통받는 가족-문제아동: 부모와의 협력 과정(Troubled Families-Problem Children: Working With Parents: A Collaborative Process)

by C. Webster-Stratton & M. Herbert

품행문제를 보이는 아동의 가족을 지원하는 가장 효과적인 치료적

절차에 대해 전문가가 이해할 수 있도록 도움을 주는 책이다. 이 책은 특히 적대적이며 반항적인 행동을 보이는 아동의 가족과 협력하는 과정에 대해 상세하게 설명하고 있다. 부모의 역량을 강화하는 방법과 부모가 자녀의 행동에 대해 효과적으로 대처하도록 지원하는 방법에 대한 설명이 이 책의 핵심이다. 이 책은 교재용으로 제작되었으나, 도전적 행동을 보이는 아동을 지도하는 전문가에게도 필독서가 된다.

(출판사: Chichester, England: John Wiley and Sons)

프로그램 및 비디오자료

▶ 성공을 향한 첫걸음: 유아의 반사회적 행동 극복을 지원하기(First Step to Success: Helping Young Children Overcome Antisocial Behavior)

by A. Golly, B. Stiller, E. F. Feil, H. H. Severson, H. M. Walker, & K. Kavanaugh

이 프로그램은 반사회적 행동을 나타내거나 그러한 행동을 나타낼 위험을 뚜렷하게 보이는 유치원 아동을 주 대상으로 개발되었다. 반사회적 행동으로 발전할 위험을 가진 아동에게 적용할 수 있는 최상의 실제에 근거한 조기중재 프로그램이다. 이 프로그램은 아동에게 가장 중요한 사회적 주체 즉, 부모, 교사 및 또래의 적극적인 지원과 참여를 이끌어 내어 아동의 초기 학교경험을 강화하고 될 수 있는 대로 최상의 출발을 할 수 있도록 가정과 학교가 협력하여 실시하는 중재다. 이 중재 프로그램은 수년간 수백 명의 유아에게 적용한 연구를 바탕으로 하였으며, 어떠한 유아학급에서도 적용 가능하다.

구입처: Sopri West

4093 Specialty Place

Longmont, CO 80504

(800) 547-6747

FAX: (303) 776-5934

http://www.sopriwest.com

▶ 관계 프로젝트: 양육공동체 조성 및 유지(Project Relationship: Creating & Sustaining a Nurturing Community)

by M. K. Poulsen & C. K. Cole

이 비디오테이프는 5부로 이루어져 있으며, 총 분량은 41분이다. 테이프는 심각한 행동문제를 지닌 유아의 요구에 대처하기 위해 가족과 전문가가 협력하는 내용을 상세하게 담고 있다. 문서로 된 자료와 함께 제공되는 이 비디오테이프는 특히 가족과 효과적으로 계획하는 기술이나 방법을 찾는 전문가에게 유용한 모델을 보여준다.

구입처: Los Angeles Unified School District

Infant and Preschool Programs

Division of Special Education

939 Yale Street

Los Angeles, CA 90012

(213) 229-4713

▶ 훈육 재구성: 교육용 제작물(Reframing Discipline: Educational Productions)

이 비디오테이프는 3개의 시리즈로 이루어진 훈련 프로그램이며, 유아 담당 전문가용이다. 각 프로그램은 실제로 교사가 전략들을 사용하는 부분을 보여 주는 교수 테이프와 실습 테이프, 그리고 교수테이프를 통해 학습한 전략을 적용할 수 있게 도와주는 지침으로 구성되어 있다. 내용은 수준별로 다양하여 초보자부터 숙련자까지 누구나 유아의 도전적 행동과 관련하여 통찰력을 얻을 수 있다.

구입처: Portland: Educational Productions

http://edpro.com.htm

▶ 사만다(Samantha)

by G. Devault, C. Krug, A. Turnbull, & R. Horner

자폐증을 가진 9세 여아를 위한 긍정적 행동지원 계획을 개발하는 교수적 예를 담은 유용한 비디오테이프다. 첨부된 문서자료(왜 사만다가 그렇게 행동할까? 한 가정의 긍정적 행동지원 이야기)에는 가족의 이야기와 계획 차트 및 기타 교수자료들이 포함되어 있다.

구입처: The Beach Center on Families and Disability

The University of Kansas

3111 Haworth · Lawrence, KS66045

(785) 864-7600 · FAX (785) 864-7605

http://www.lsi.ukans.edu/beach/beachhp.htm

웹사이트

▶ 가족연계 연구요약: 도전적 행동과 통합(비치 센터)

Family Connection Research Brief: Challenging Behavior and Inclusion (Beach Center)

http://www.lsi.ukans.edu/beach/html/s9.htm

▶ 학교심리사협회

National Association of School Psychologists

학교심리사협회(NASP) 사이트에서 긍정적 행동지원 관련 주제에 대한 정보를 얻을 수 있다.

http://www.naspweb.org/center.html

▶ 긍정적 행동지원

Positive Behavioral Support (1997)

Beach Center Newsletter, 8(3). Lawrence, KS: Beach Center on Families and Disability.

이 발행물은 전체 내용이 긍정적 행동지원으로 구성되어 있다.

http://www.lsi.ukans.edu/beach/html/pbs.htm

▶ 미국 교육부 특수교육국 긍정적 행동중재 및 지원센터

U.S. Office of Special Education Program(OSEP) Center for Positive Behavioral Interventions and Supports

미국 교육부 특수교육국 긍정적 행동중재 및 지원센터 사이트에

서는 기능적 행동 평가, 학교 전체적인 긍정적 행동지원, 학급지원, 개별지원, 컨퍼런스, 그리고 관련 사이트 등에 관한 정보를 얻을 수 있다.

http://www.pbis.org

편저자 소개

Susan Sandall, Ph.D.
University of Washington

Michaelene Ostrosky, Ph.D.
University of Illinois, Urbana-Champaign

역자 소개

김진희
University of Illinois, Urbana-Champaign 특수교육과
졸업(Ph.D.)
현) 인제대학교 특수교육과 교수

〈주요 저서〉
특수아동교육의 실제(공저, 교육과학사, 2005)
정신지체아교육(공저, 양서원, 2002)

김호연
University of Florida 특수교육과 졸업(Ph.D.)
현) 강남대학교 중등특수교육과 교수
동탄장애아재활센터장

〈주요 저서 및 역서〉
캐롤라이나영유아교육과정(공역, 굿에듀북, 2008)
장애유아통합교육전략(공역, 창지사, 2006)
특수교육의 이해(공저, 교육과학사, 2005)
학습장애아동교육의 이론과 실제(교육과학사, 1997)

특별한 영유아
모노그래프 시리즈 1호

도전적 행동에 대처하는 실제적 아이디어

2010년 6월 25일 1판 1쇄 인쇄
2010년 6월 30일 1판 1쇄 발행

편저자 • Susan Sandall, Michaelene Ostrosky
옮긴이 • 김진희 · 김호연
펴낸이 • 김진환
펴낸곳 • (주) **학지사**
      121-837 서울시 마포구 서교동 352-29 마인드월드빌딩 5층
대표전화 • 02-330-5114   팩스 • 02-324-2345
등록번호 • 제313-2006-000265호

홈페이지 • http://www.hakjisa.co.kr
커뮤니티 • http://cafe.naver.com/hakjisa

ISBN 978-89-6330-433-5 94370
    978-89-6330-432-8 (set)

정가 9,000원